für Paul und Simon

Bernhard Dorner

Der Wasserturm
und der Versuch,
das Selbstverständliche zu begreifen

Bibliografische Information der Deutschen Nationalbibliothek:
Die Deutsche Nationalbibliothek verzeichnet diese Publikation in der
Deutschen Nationalbibliografie; detaillierte bibliografische Daten sind
im Internet über http://dnb.dnb.de abrufbar.

Herstellung und Verlag: BoD – Books on Demand, Norderstedt

ISBN: 978-3-7504-0582-0

„Wer nicht weiß, was der Kosmos ist, weiß nicht, wo er ist. Wer nicht weiß, wozu er geschaffen worden ist, weiß nicht, wer er ist und auch nicht, was der Kosmos ist. Wer aber eins davon nicht erfasst, könnte auch nicht sagen, wozu er da ist."

Mark Aurel

Der Wasserturm 9

I. Der Hintergrund

Die Geburt der Veränderung 20

Das Prinzip der Vielfalt 29

Die Nabelschnur zu den Sternen 36

Der Apfel fällt nicht weit vom Stamm 43

Der Zufall ist Methode 51

Eine neue Welt 58

II. Erste Konsequenzen

Der Sinn des Lebens 76

Die ersten Schritte 83

Bin ich, wenn ich denke? 95

III. Der Blick über den Tellerrand

Das Licht der Welt 106

Die Botschaft aus der Neuen Welt 117

Ein Praxisbeispiel:
Spezialisierung statt Krieg 133

Epilog 141

Der Wasserturm

Wie bei einer Reise durch ein Land, das seine Abenteuerlichkeit infolge eines touristischen Ansturms verloren hat, so erfahren auch manche gängigen Einsichten kaum mehr Beachtung. Gerade in einer Region, in der es über die Grenzen hinaus bekannte, gut erschlossene Sehenswürdigkeiten gibt, sind jedoch abseits der ausgetretenen Pfade weitere Attraktionen zu erwarten! Manchmal genügt es, allein den Blickwinkel zu verändern, und es erscheint selbst das Gewohnte in einem neuen und deshalb wieder reizvollen Licht.

Wie im Tourismus verhält es sich auch in unseren Gehirnen. Werden Gedächtnisinhalte zueinander in Beziehung gesetzt, so erfolgt dies durch eine biologische Verknüpfung. Bei häufiger Nutzung werden die Verbindungsstellen zu breiten Straßen ausgebaut und deshalb mehr in Anspruch genommen. Es fällt uns schwer, Standpunkte außerhalb unseres bisherigen Verständnisses einzunehmen, wenn wir uns bereits ausführlich mit etwas beschäftigt haben. Wir werden immer wieder dazu neigen, auf ausgetretene Pfade unserer bisherigen Gedankengänge zurückzukehren.

Demgegenüber kann es sich durchaus lohnen, scheinbar bekannte Gefilde noch einmal zu besuchen, wenn wir sie auf anderen Wegen betreten und so die Voraussetzung dafür schaffen, ihr Wesen und ihre Schönheit neu zu entdecken. Ich will eine Schublade öffnen, in der „bekanntes" Wissen abgelegt wurde. Mein Ziel ist es, wieder etwas Besonderes am scheinbar „Selbstverständlichen" zu erkennen, es neu zu begreifen und es vielleicht mit einem neuen Geist zu betrachten. Dabei verbinde ich die Erfahrungen, die ich als Physiker, Therapeut und Familienvater in meinem beruflichen und privaten Alltag und ganz besonders auf meinen Reisen zu den indigenen Völkern Nord- und vor allem Südamerikas machen konnte.

Vor längerer Zeit konnte ich eine intensive Erfahrung machen, die mich so sehr erfüllte, dass ich sie später zu Papier brachte:

„Es ist gut zehn Jahre her, dass ich auf dem Wasserturm des Sítios lag und den Aufgang des Mondes erwartete. Arme und Beine von mir gestreckt, damit ich nach dem tropisch heißen Tag die kühlende Wirkung der abendlichen Luft so gut wie möglich aufnehmen konnte. Ich schwebte über der Tiefe des Alls und wunderte mich darüber, ausgerechnet jetzt so viele Sternschnuppen in die Erdatmosphäre eintauchen zu sehen, wo es für mich nichts zu wünschen gab. Die Erde hielt mich fest, damit ich nicht hinabstürzen konnte. Sie hielt mich an jeder noch so kleinen Stelle meines Körpers, so gleichmäßig, dass ich ihren festen, sicheren Griff beinahe vergaß und manchmal wirklich Angst zu fallen verspürte. Um mich herum flogen unzählige Glühwürmchen. Ich sah nichts anderes als Schwarz mit gelb-weißen Punkten, unabhängig davon, in welche Richtung ich blickte. Das Zirpen von Grillen pulsierte. Ihr Ton war tiefer und ihr Rhythmus langsamer, als ich es von zuhause kannte. Ein akustischer Schwall folgte mit der gleichen Sicherheit auf den nächsten wie das Auftauchen des Mondes zu der täglich neu berechneten Zeit.

Nicht ganz so verlässlich, doch mit einer hohen Wahrscheinlichkeit, tauchte bei Aufgang des Mondes Buiu auf. Buiu war ein vielleicht elfjähriger kaffeebrauner Junge mit schwarzen Gesichtszügen, der sich fast jeden Abend zu mir auf den Wasserturm gesellte. Dann unterhielten wir uns für etwa eine halbe Stunde, wobei jeder von uns nur einen einzigen Satz benutzte: „A lua está cheia Bernard, não é?" „Sim, a lua está cheia." Diese beiden Sätze wechselten ab und pulsierten fast

wie das Zirpen der Grillen. Vielleicht konnte sich Buiu inner-
halb einer halben Stunde nicht mit mehr als mit dieser Frage
beschäftigen: der Frage, ob Vollmond sei oder nicht. Vielleicht
gab es auch nicht mehr zu sagen.

Zumindest war es für mich keine Zeit der Sehnsüchte. Nichts
drängte mich, Wünsche oder Ängste auszusprechen, zu hoffen
oder zu warten. Es gab nur die Feststellung, dass die Dinge so
waren, wie sie waren, und dass es so gut war. So lag ich oft
mehrere Stunden dort oben auf dem Rücken, als Buiu längst
wieder gegangen war, und starrte hinab in die Weite des
Sternenhimmels, ohne viel zu denken.

Vielleicht befand ich mich damals im Gleichgewicht, wie eine
Kugel, die eine Bahn hinabgerollt ist, ihre potentielle Energie
in kinetische verwandelt hat und schließlich durch Reibungs-
verluste zur Ruhe gekommen ist. Jedenfalls lag ich dort oben
und nichts drängte mich, etwas anderes zu tun, als den
nächsten Morgen zu erwarten.

Manchmal meine ich noch, den Geruch der mit Stroh gefüllten
Matratze und des verschwitzten Leintuchs wahrnehmen zu
können, den ich damals wahrnahm, wenn mich meine Müdig-
keit aufstehen und zu Bett gehen ließ. Dann stelle ich mir vor,
ich könnte auch das Surren der Mücken im Haus und das laute
Zirpen der Grillen wieder hören, das mich nach einem erfüllten
Tag umgab, an dem ich nichts Besonderes getan hatte."

Ich schrieb das Erlebte in einem Moment der Erinnerung an
meinen einjährigen Aufenthalt in einem Kinderdorf im Nordosten Brasiliens auf. Vor allem die Begebenheit auf dem
Wasserturm war für mich zu etwas Besonderem geworden,

weil ich sie im Licht einer ungewohnten Umgebung erlebt hatte und ich mich gerade deshalb so gut auf sie hatte einlassen können. Heute denke ich, dass ich damals Augenblicke vollkommener Glückseligkeit erfahren hatte! Wie von selbst wurde mir eine existenzielle Erfahrungstiefe zuteil. Sie ereilte mich im „Nicht-Besonderen", in der scheinbaren Selbstverständlichkeit meines Daseins, und weil es mir gelang, in die mich umgebende Welt einzutauchen.

Ich hatte erkannt, dass dieses Glück dem Zirpen der Grillen und dem Leuchten der Glühwürmchen gleicht, dem Aufgang des Mondes und der Gegenwart anderer Menschen – vorausgesetzt, dass es mir gelingt, mich mit meiner Bezogenheit auf die Welt zu identifizieren und mich als einen von ihr nicht zu trennenden Teil zu erkennen. In dieser Fähigkeit, so glaube ich, liegt die beste Voraussetzung dafür, dauerhaft zufrieden zu sein und die eigentliche „Leichtigkeit des Seins" zu spüren.

Gerade wir Menschen befinden uns seit jeher in einem Reifungsprozess. Alte Gleichgewichte müssen gestört werden, damit eine neue Balance gefunden werden kann. Dabei leiden die Beziehungen, die wir zu unserer natürlichen Umgebung unterhalten. Es betrifft unsere Verbundenheit mit allem Lebendigen, das heißt der gesamten Fauna und Flora, und im weiteren Sinn auch mit dem Raum, der dieses Leben ermöglicht. In einem solchen Zwischenzustand können wir kaum etwas von einer Leichtigkeit des Lebens erkennen. Vielmehr gerät der Boden unter den Füßen schnell ins Wanken: Unser Welt- und Werteverständnis wird unsicherer.

Auch in der aktuellen Gegenwart, die von vielen als eine Zeit des Umbruchs empfunden wird, gehen Halt und Orientierung verloren. Die einst Halt gebenden sozialen Netzwerke der Stammes- und später Dorfgemeinschaften gehören längst der Vergangenheit an. Aber auch die heutigen Familien sind kleiner und kurzlebiger geworden und folgen verschiedensten und wechselhaften Strukturen. Die neuen sozialen Netzwerke digitaler Medien sind kein Ersatz dafür. Im Gegenteil: Sie werfen uns in ganz besonderem Maße auf uns selbst zurück, da sie uns beispielsweise die Möglichkeit geben, digitale Kontakte vollständig abzubrechen, sobald sie unangenehm werden. Zwar haben wir in den letzten 70 Jahren an persönlicher Freiheit gewonnen, verlieren aber vertrauensvolle Bindungen und so auch das Gespür für unsere natürliche Bezogenheit auf die Welt.

Der an der Hebrew University of Jerusalem lehrende israelische Professor für Geschichte und Autor Yuval Harari beschließt sein Buch „Eine kurze Geschichte der Menschheit" mit der Feststellung, die wichtigsten Fragen der Menschheit seien: „Was wollen wir werden?" bzw. „Was wollen wir wollen?" Die zweite Frage gewinne immer mehr an Bedeutung, da die Möglichkeiten, unsere Wünsche umzusetzen, größer werden (vgl. Harari 2013, S. 506 f). Der Mensch wird einflussreicher. Gleichzeitig ist unsere Art gegenwärtig als zunehmend orientierungslos anzusehen. Diese Kombination birgt große Gefahren in sich.

Jeder Reifungsprozess verlangt, dass alte Strukturen verlassen werden und es somit auf dem Weg in ein neues Gleichgewicht erst einmal ungemütlich wird. Das ist normal. Jedoch ist ein neues Gleichgewicht nicht unbedingt ein besseres. Glauben wir an Darwins Theorie, so experimentiert die Natur mit Hilfe von Versuch und Irrtum. Gerade in Prozessen der Reifung ist es deshalb wichtig, dass wir den Boden unter den Füßen nicht vollständig verlieren.

Es kommt uns zugute, dass wir uns nicht ins Leere entwickeln. Zwar scheint mir unsere menschliche Welt an vielen Stellen aus der Balance gekommen zu sein, nicht aber unsere Welt als Ganzes. Auch sie entwickelt sich unaufhörlich weiter, jedoch innerhalb eines stabilen Rahmens, der sich nach stets gleichbleibenden Prinzipien verhält. Diese Determinanten möchte ich zum Gegenstand meiner Überlegungen machen. Ein tieferes Verständnis dafür kann von großem Nutzen sein, weil wir ein Teil dieser Welt sind und sich dieser Rahmen somit auch auf uns bezieht. Wir leben in keiner Welt der unbegrenzten Möglichkeiten, und so können wir weder erfolgreich noch glücklich werden, wenn wir uns entgegen ihren Bedingungen verhalten.

Ich werde mich also mit folgenden Rahmenbedingungen beschäftigen, von denen ich glaube, dass sie als zentrale Strukturen hinter unserer Welt und unserem Leben stehen: der Verbundenheit aller Teile der Schöpfung – und den sich daraus ergebenden Ähnlichkeiten zwischen uns und der uns umgebenden Welt – sowie der Notwendigkeit der Veränderung. Dabei betrachte ich die Verbundenheit und die Veränderung als zwei elementare Größen, die sich unmittelbar aus den Grundfesten unseres Universums, dem Raum und der Zeit, ableiten lassen. Sie sind in ähnlicher Weise aufeinander bezogen wie zum Beispiel die Kategorien, die von dem deutschen Philosophen und Vertreter des kritischen Realismus Nicolai Hartmann (1882-1950) beschrieben wurden. Hartmann spricht von Struktur und Modus, Form und Materie, Innerem und Äußerem usw. Wie Hartmanns Kategorien stehen Verbundenheit und Veränderung in einer dialektischen Beziehung zueinander. Sie realisieren sich permanent konkret, indem sie ihre Wirkung auf alles entfalten, was aus unserer Welt erwächst. In gewisser Hinsicht bedingen sie sich gegenseitig, zumindest insofern sie auf denselben Ursprung, die Raumzeit, zurückzuführen sind und deshalb nicht unabhängig voneinander betrachtet werden können. Verbundenheit und Veränderung sind zwei Facetten, durch die ein und derselbe Grundsatz zum Ausdruck kommt.

Weiterhin werde ich mich mit den Prozessen befassen, die unserer Welt zugrunde liegen: Abgrenzung, Entstehung von Ordnung und Chaos, Zuwachs an Komplexität und Vielfalt sowie Entstehung von Individualität und Beziehung. Diese Prozesse bewegen sich innerhalb der oben beschriebenen Rahmenbedingungen. Eine Abbildung am Ende des Buches (S. 143) zeigt eine Zusammenstellung der Rahmenbedingungen und Prozesse und veranschaulicht ihr Zusammenwirken.

Es wird sich zeigen, dass hinter unserer Welt Gesetze stehen, die alles „Geschaffene" betreffen, unabhängig davon, ob es sich um lebose Materie handelt oder lebendige Wesen. Diese Gesetze beschränken sich nicht auf den Gegenstand einzelner wissenschaftlicher Disziplinen, sondern besitzen einen umfassenderen Gültigkeitsbereich: Innerhalb des Rahmens der Verbundenheit und der Veränderung bestimmen die genannten Prozesse auf vorhersehbare Weise die Entwicklung unserer Welt.

Im Gegensatz zu vielen naturwissenschaftlichen Phänomenen, wie zum Beispiel den fundamentalen Kräften der Physik, entziehen sich die oben genannten Prozesse einer mathematischen Beschreibung. Ich verwende für sie die Begriffe „Prinzipien" bzw. „Metagesetze", weil sich mit ihrer Hilfe unsere Zukunft verlässlich vorhersagen lässt, sie aber auf einer anderen Ebene anzusiedeln sind als die Gesetze, mit denen wir schon in der Schule gerechnet haben. Die Metagesetze sind uns bekannt. Sie sind uns selbstverständlich geworden, aber wir sind uns in der Regel ihrer gestalterischen Kraft in der Weiterentwicklung unserer Welt und unseres Lebens nicht völlig bewusst. Beispielsweise ergeben sich bei der Betrachtung der genannten Rahmenbedingungen sowie der daraus ableitbaren Prozesse Hinweise darauf, dass wir nicht vom Zufall regiert werden, und dass dem Leben durchaus ein übergeordneter Sinn zugeschrieben werden kann.

Meine Überlegungen beinhalten physikalische und psychosoziale Aspekte, so wie es meinem beruflichen Werdegang entspricht. Dabei werden die naturwissenschaftlichen Aspekte zunehmend in den Hintergrund treten und einer philosophisch orientierten Betrachtungsweise Raum geben. Der Entwicklung unserer Welt entsprechend, wird im Verlauf des Buches das Subjektive zunehmend an Bedeutung gewinnen.

Ich wünsche mir häufiger so befreite Momente wie auf dem Wasserturm. Da ich seit diesem Schlüsselerlebnis von einer grundsätzlichen Leichtigkeit des Lebens überzeugt bin, sobald es gelingt, sich mit der Welt zu identifizieren und dadurch Halt und Orientierung zu finden, haben die folgenden Überlegungen letztendlich das Ziel, dieser Identifizierung auf die Spur zu kommen.

I. Der Hintergrund

Die Geburt der Veränderung

In meiner alltäglichen Arbeit als Familientherapeut sind die Menschen, die zu mir kommen, oft überrascht, wenn ich sie als Erstes nach ihren Eltern frage. Häufig suchen sie mich doch wegen der Schwierigkeiten auf, die sie mit ihren Kindern haben. Die Erkenntnis, dass wir uns nicht völlig neu erfinden können und dass die Lebenswelt unserer Eltern, an denen wir uns zumindest als Kinder orientierten, Einfluss auf uns nimmt, entwickelt sich meist erst im Laufe der Zeit. Die meisten Menschen sitzen wie Gefangene in alten Strukturen fest, die ihnen als Heranwachsende behilflich waren, in ihrer Umgebung klar zu kommen. Erst wenn sie diese Strukturen erkennen, haben sie die Möglichkeit, sich davon zu befreien und ein Leben zu führen, das ihrer erwachsenen Persönlichkeit entspricht.

So wie bei den Beratungsgesprächen, werfe ich auch an dieser Stelle erst einmal einen Blick zurück: Um bei einer Verortung unserer menschlichen Existenz nichts zu übersehen, blicke ich in die Vergangenheit, soweit es aus wissenschaftlicher Sicht möglich ist. Ich beschränke mich dabei nicht auf die Betrachtung des Menschen, sondern beginne mit der Entstehung unseres Universums. Denn bereits hier beginnt unsere Geschichte, genauso wie die Geschichten der Kinder mit den Geschichten ihrer Eltern beginnen.

Unendliche Weiten

Mein Interesse an der Physik entsprang meiner grundsätzlichen Begeisterung für die Natur. Besonders weite und naturbelassene Landschaften übten schon immer eine große Faszination auf mich aus. Vielleicht wurde ich inspiriert von den Fernsehserien, die ich als Kind mitverfolgte. Ich begeisterte mich für Lassie, Flipper und die Flusspiraten. Alle erzählten Geschichten, in denen die Helden verschiedene Abenteuer in der Wildnis zu bestehen hatten. Vielleicht ging meine Begeisterung auch aus dem Umstand hervor, dass ein großer Teil meiner Familie auf dem Land lebte. Jedenfalls wurde mir zunehmend bewusst, dass ich mich nur an Orten wohlfühlen kann, an denen mir die Umgebung einen Zugang zur freien Natur ermöglicht.

Als Jugendlicher tapezierte ich eine Wand meines Zimmers mit einem flächenfüllenden Poster, auf dem ein lichter Wald zu sehen war, durch den ein kleiner Bach in einer langgezogenen Kurve floss. Ich träumte mich an solche Orte. Oft saß ich, einer Musik lauschend, auf dem Fensterbrett meines Zimmers, ließ mir die Sonne auf das Gesicht scheinen und glitt in meinen Gedanken und Gefühlen hinüber in eine unberührte Welt. Diese Illusion erschien mir so authentisch, dass ich mir sogar einbildete, den Duft, der auf dem Poster abgebildeten, in der Sonne schmorenden Kiefernnadeln riechen zu können.

Irgendwann wollte ich mehr über die natürlichen Zusammenhänge erfahren. Ich legte einen meiner beiden schulischen Schwerpunkte auf das Fach Physik. Meine Facharbeit schrieb ich zu einem Thema der Kosmologie, den Theorien zur Entstehung der Welt. Die unendlichen Weiten des Universums waren für mich so geheimnisvoll wie faszinierend.

Einen großen Teil der Arbeit erstellte ich in den Vereinigten Staaten. Ich hatte das Glück, die Verwandten eines Schulfreundes in Michigan besuchen zu dürfen. Nordamerika war für mich das Land, das die weiten und vielerorts dünn besiedelten Landschaften repräsentierte, von denen ich so oft träumte. Sie wurden mir allerdings nur in einigen wenigen Momenten zuteil, da die Gasteltern meinem Freund und mir nicht erlaubten, auf eigene Faust zu reisen. So saß ich oft an dem kleinen See vorm Haus und dachte an die großen Weiten des Universums.

Aus wissenschaftlicher Sicht ist es uns möglich, bis zu 13,8 Milliarden Jahre in die Vergangenheit zurückzublicken. Die Angabe dieses Zeitpunkts entspringt der Beobachtung, dass sich unser gegenwärtiges Universum ausdehnt. Um diese Ausdehnung zu veranschaulichen, wird in der Literatur der Raum mit der zweidimensionalen Oberfläche eines Luftballons verglichen: Ähnlich, wie sich Punkte auf einem Luftballon voneinander entfernen, wenn man ihn aufbläst, bewegen sich die Sterne, Planeten und alles, was sich in unserem Universum befindet, voneinander weg. Der Grund für das „Große Auseinanderstreben" ist die Ausdehnung des Raums selbst. Könnten wir die Zeit rückwärts laufen lassen, so würde sich unser Universum zusammenziehen. Wenn wir das Volumen dessen betrachten, was vor 13,8 Milliarden Jahren existierte, können wir ohne Übertreibung behaupten, dass es damals so gut wie nichts gab. Dabei wäre es falsch, sich einen leeren Raum vorzustellen, denn es gab nicht einmal einen Raum, genauso wenig, wie die Zeit existierte. Nur der Baustein unseres heutigen Universums war vorhanden: ein unendlich kleiner Punkt mit unendlich hoher Dichte. Und dieser eindimensionale Punkt befand sich nicht irgendwo in der Unendlichkeit. Er selbst war die Unendlichkeit oder zumindest alles, was es gab, das gesamte Universum.

In der Physik bezeichnet man Zustände, die so außergewöhnlich sind, dass sie sich nicht mit Hilfe mathematischer Gesetze beschreiben lassen, als Singularitäten. Auch für den allerersten Augenblick in der Geschichte unseres Universums können wir keine wissenschaftlichen Aussagen treffen, weil die Gesetze der Physik auf diesen Extremfall nicht angewendet werden können. Wir wissen nur, dass die Bestandteile unseres Universums raum- und zeitlos miteinander verschmolzen waren.

Vor 13,8 Milliarden Jahren geschah schließlich etwas Wunderbares. Der Punkt begann sich auszudehnen. Unser Universum wurde geboren und mit ihm die Grundlage für unsere menschliche Existenz. Es entstand der Raum, und wie uns Einstein gezeigt hat, entstand mit dem Raum die Zeit. Denn Raum und Zeit sind eng miteinander verwoben. Es gibt das eine nicht ohne das andere. Genauso wenig, wie wir einen räumlichen Gegenstand um eine Dimension reduzieren und ihn uns ohne Länge, Breite oder Höhe vorstellen können, verhält es sich mit der Zeit. Sie ist die vierte Dimension, welche die drei räumlichen Dimensionen unserer Welt vervollständigt.

Die Welt beginnt sich zu verändern

Nun wurden, im Moment der Geburt unseres Universums, die Weichen für die weitere Entwicklung unserer Welt gestellt. Hier haben die Rahmenbedingungen ihren Ursprung, die auch noch heute unser Leben prägen.

Die erste Rahmenbedingung, die ich betrachten möchte, ist die <u>Veränderung</u>. In unserem Universum ist kein Tag wie der andere. Unsere Umwelt und wir selbst befinden uns in einem stetigen Fluss, der so charakteristisch für alles ist, was wir kennen. Vom griechischen Philosophen Heraklit stammt der Ausspruch: „Wer in dieselben Flüsse steigt, dem strömt stets anderes Wasser zu." Wir sprechen davon, dass nichts Bestand habe, außer der Veränderung. So paradox es klingt, die Veränderung ist die wichtigste Konstante in unserer Welt.

Diesen Umstand erachte ich nicht als selbstverständlich. Denn erst durch die Entstehung von Raum und Zeit wurden die Voraussetzungen dafür geschaffen, dass sich überhaupt etwas verändern konnte. Ohne dieses uns vertraute Gefüge, das der heutigen Welt zugrunde liegt, wären Veränderungen nicht möglich. Aus unserer Sicht kann eine Veränderung nur als eine Bewegung im Raum und in der Zeit verstanden werden. Diese entstanden vor 13,8 Milliarden Jahren. Vorher existierten sie nicht und somit gab es auch keine Veränderung im heutigen Sinn. Gerade dieser Umstand macht es zu etwas Wunderbarem, dass sich die Keimzelle unserer Welt plötzlich auszudehnen begann und damit den ersten Schritt tat, der all die nachfolgenden Veränderungen zur Folge hatte.

Zunächst ging alles rasend schnell. Die Ausdehnung erfolgte mit einer Geschwindigkeit, die sogar die Lichtgeschwindigkeit überschritt. Zwar können Objekte, die sich im Raum bewegen, die Geschwindigkeit des Lichts nicht überschreiten. Für die Ausdehnung des Raums existiert diese Obergrenze aber nicht.

Es wurde ein weiterer „Rekord" gebrochen. Als das Universum geboren wurde, war es unvorstellbar heiß. Wir können davon ausgehen, dass die Temperaturen zunächst so hoch waren, dass es keine stabilen Teilchen geben konnte. Die Temperatur, die in einem Volumen gemessen werden kann, ist ein Ausdruck für die Bewegung der Teilchen, die sich in diesem Volumen befinden. Bei der großen Dichte und den außerordentlich hohen Temperaturen zu Beginn unseres Universums muss es sich um ein hektisches, für unsere Begriffe nicht vorstellbar schnelles Flirren auf engstem Raum gehandelt haben. Die Zeit zwischen den Zusammenstößen war so gering und die Zusammenstöße selber waren so heftig, dass sich entstehende Teilchen unmittelbar gegenseitig zerstörten. Die Materie besaß somit keine Struktur. Unser damals winziges Universum bestand aus einem einheitlichen, heißen Materiebrei.

Am Anfang war alles eins: In unserer Welt konnte das eine nicht vom anderen unterschieden, geschweige denn voneinander getrennt werden. Die zahllosen Strukturen, die wir heute allein auf unserem Planeten vorfinden (circa 2 Millionen biologische Arten wurden bisher beschrieben, die „Dunkelziffer" ist riesig), begannen ihre Entwicklung in einem einzigen Schmelztiegel. In dieser anfänglichen Einheit hat die zweite Rahmenbedingung unserer Welt ihren Ursprung. Es ist die <u>Verbundenheit sämtlicher Bestandteile des Universums</u>. Ein bedeutender Aspekt, mit dem ich mich allerdings erst etwas später auseinandersetzen werde.

Das Prinzip von „Abgrenzung" und „Zusammenschluss"

Ich lege das Augenmerk zunächst auf eine Entwicklungsrichtung, von der ich glaube, dass sie sich bereits Sekundenbruchteile nach dem Urknall abzeichnete. Es werden zwei scheinbar gegenteilige Tendenzen erkennbar, die sich trotz ihrer Verschiedenheit gegenseitig bedingen. Vergleichbar mit den Begriffen „Yin" und „Yang" aus der chinesischen Philosophie, stehen diese Tendenzen für polar einander entgegengesetzte und dennoch aufeinander bezogene Prinzipien. Ich nenne diese Tendenzen „Abgrenzung" und „Zusammenschluss". Ihr Zusammenspiel halte ich für wegweisend in der Entwicklung unseres Universums. Sein Auftreten und seine Wirkungsweise scheint eines der Gesetze zu sein, nach denen sich die Veränderungen in unserer Welt gestalten, sowohl im rein materiellen als auch im lebendigen Teil der Schöpfung.

Infolge seiner Ausdehnung hatte sich das Universum nach etwa 10^{-30} Sekunden auf 10^{25} Grad abgekühlt. Diesen Effekt kann man simulieren, wenn man zum Beispiel ein leeres Feuerzeug neu befüllt oder die zuvor verdichtete Luft aus einem Kompressor strömen lässt. Das Feuerzeug kühlt sich ab, wenn sich das Gas aus der Nachfüllpackung in ihm ausdehnt. An der Austrittsstelle der Luft am Kompressor kann das Kondenswasser sogar gefrieren. Für unsere Verhältnisse sind 10^{25} Grad eine immer noch unvorstellbar hohe Temperatur. Doch diese Abkühlung reichte aus, dass sich Quarks und Anti-Quarks bilden konnten. Sie sind die Bausteine der heutigen schweren Teilchen. Da sich Teilchen und Antiteilchen gegenseitig vernichten, wenn sie aufeinandertreffen, konnte sich noch keine stabile Materie bilden. Das Universum musste sich dazu weiter ausdehnen. Bereits nach einer Millionstelsekunde – die Temperatur betrug noch 10^{13} Grad – vereinigten sich die Quarks zu Hadronen. Diese zerfielen jedoch wieder, mit Ausnahme der stabilen Protonen, wie auch der Neutronen, vorausgesetzt, dass sich diese mit einem Proton zu einem Atomkern zusammengeschlossen hatten.

So bestand unser Universum nach den ersten drei Minuten aus Protonen und – durch Kernfusionsprozesse in leichten Atomkernen mit Protonen verbundenen – Neutronen. Protonen sind das gleiche wie Wasserstoffkerne, und die Verbindung von zwei Protonen mit zwei Neutronen ist das gleiche wie ein Heliumkern. In unserem frühen Universum gab es zu diesem Zeitpunkt also vor allem diese beiden Strukturen.

An dieser Stelle möchte ich den physikalischen Exkurs erneut unterbrechen, denn bereits hier wird der „Rote Faden" sichtbar, der sich durch die gesamte Geschichte unseres Universums zieht, das Gesetz, das ich als „Zusammenspiel von Abgrenzung und Zusammenschluss" bezeichne:

Unsere Welt begann ihren Werdegang in einem einzigen unendlich kleinen, heißen und einheitlichen Gebilde. Der „Zustand der Einheit" wurde verlassen. Unser Universum begann zu reifen, indem sich seine Bestandteile voneinander entfernten. Sie strebten mit hoher Geschwindigkeit in alle Richtungen auseinander, eine Bewegung, die auch heute noch anhält. Trotz oder gerade wegen der Tendenz, auseinander zu streben, schlossen sich einzelne Bestandteile zusammen und nahmen „individuelle" Gestalten an. Bereits nach kurzer Zeit entstanden die Grundbausteine unserer Materie: zunächst Quarks und daraus Protonen und Neutronen, die wiederum begannen, sich zu Atomkernen zusammenzuschließen.

Wäre das Universum nicht auseinander geflogen, so dass genügend Raum für eine Abgrenzung seiner Grundbausteine entstand, hätten sich diese nicht zu unserer heutigen Materie zusammengeschlossen. Sie hätten sich bereits kurz nach ihrer Entstehung wieder gegenseitig zerstört. Unser Universum wäre ein Schmelztiegel geblieben. Seine Strukturen hätten sich unmittelbar nach ihrer Entstehung wieder in ihrer Umgebung aufgelöst.

Das *Zusammenspiel von Abgrenzung und Zusammenschluss* ist eines der Metagesetze, die im weiteren Verlauf dieses Buches zusammengetragen werden sollen. Ich bin der Überzeugung, dass diese Gesetze hinter den Abläufen in unserer Welt stehen, unabhängig davon, ob wir die leblose Physik oder uns Menschen betrachten.

Als Ergebnis des „Zusammenspiels von Abgrenzung und Zusammenschluss" differenzierte sich unser Universum immer weiter aus und nahm komplexere Gestalten an. Die Zunahme an Komplexität scheint dabei einer der wichtigsten Prozesse in der Entwicklung unseres Universums zu sein. Der Physiker und Genetiker Carsten Bresch schreibt: „Die Richtung der Evolution heißt: Komplexität wächst ..." (Bresch 2010, S. 264). Aus dem einheitlichen Materiebrei, der keine Unterschiede zuließ und der alles miteinander verband, entwickelten sich die Sterne und die Planeten mit ihren zahlreichen Elementen sowie auch alles andere, das wir heute in unserem Universum finden.

Das Prinzip der Vielfalt

So träumte ich mich in dem Land, das für mich die große weite Welt symbolisierte, in die noch größeren Weiten des Universums: manchmal mit einem Buch in der Hand und unter einem Baum sitzend, manchmal auf einer Luftmatratze in dem See vor dem Haus umhertreibend oder während der Autofahrten zu den nicht allzu weit entfernten Sehenswürdigkeiten der Niagara-Fälle und der Großen Seen.

Es war ein sehr heißer und trockener nordamerikanischer Sommer im Jahr 1988. Aufgrund der Trockenheit sank der Wasserspiegel im See vor unserem Haus so weit ab, dass die darin lebenden Fische begannen, darunter zu leiden. Vielleicht fanden sie nicht mehr genügend Nahrung. Jedenfalls knabberten sie beständig an meinen Zehen, wenn ich verträumt auf der Luftmatratze lag. Mir gefiel das sonnige Wetter: Auf diese Weise konnte ich meine „natürliche" Umgebung doch besser in mich aufsaugen. Es war eine sehr schöne Zeit, die ich kurz vor meinem Abitur in Michigan verbrachte. Ich war an einem Ort, der etwas symbolisierte, das meinen emotionalen Bedürfnissen entsprach. Und trotzdem fehlte etwas, weshalb ich heute nicht wirklich davon sprechen kann, damals „glücklich" gewesen zu sein.

Einmal hatte sich eine Grille in dem Zimmer verkrochen, in dem ich zusammen mit meinem Schulfreund nächtigte. Das Zimmer lag im Souterrain. Die Tür ins Freie war in ortsüblicher Weise durch eine zweite Tür mit einem Fliegenschutzgitter abgesichert. Dennoch schlichen sich manchmal kleine Tiere ins Haus. Das war nicht weiter schlimm. Die Grille jedoch begann zu zirpen. Ich war sehr überrascht, wie laut sich eine Grille in einem geschlossenen Raum anhört. Wir begannen noch während der Nacht, nach ihr zu suchen und setzten unsere Suche im Laufe des Tages fort. Das kleine Insekt ließ uns keine Ruhe, bis wir es gefunden und entfernt hatten.

Bevor wir einschliefen – und das ging bei mir meist sehr rasch – unterhielten wir uns oftmals über die Mädchen, die uns zuhause gefielen. Das gleiche taten wir beim Baden. Dazu fuhren wir an einen anderen See, den wir mit dem Fahrrad erreichen konnten. Während der Einkäufe unserer Gasteltern in einer Mall, suchten wir nach „cooler" Kleidung, die es vielleicht in Deutschland nicht gab, um später damit Eindruck zu schinden.

Einerseits genossen wir die unbeschwerten Wochen. Aus dem Abstand heraus betrachtet, habe ich andererseits den Eindruck, mich nicht wirklich auf die „Neue Welt" eingelassen zu haben. Ich träumte von den Mädchen zuhause, beschäftigte mich mit meiner Facharbeit und störte mich an dem Zirpen einer Grille.

Anders erlebte ich die Abende, nachdem ich in Brasilien auf dem Wasserturm gesessen hatte. Es surrten die Mücken im Haus, als hätte sich ein Schwarm wilder Bienen darin verkrochen. Zudem wurde ich unentwegt von ihnen gestochen. Trotzdem verbrachte ich nicht viel Zeit damit, mich ihrer zu entledigen. Es wäre auch aussichtslos gewesen und vermutlich half mir gerade dieser Umstand dabei, die Mücken einfach zu akzeptieren.

In Michigan fehlte mir etwas zu meinem Glück, da ich in der kurzen Zeit meines Aufenthalts, nicht völlig in der „Neuen Welt" aufgehen konnte. Ich wurde konfrontiert mit vielfältigen neuen Eindrücken. Gleichzeitig wusste ich, dass ich in einigen Wochen wieder abreisen würde und so meine „Alte Welt" nicht

*aus den Augen verlieren durfte. Ich musste die neuen Ein-
drücke in meine bisherige Erfahrungswelt integrieren. Es kam
zu einer notwendigen Störung meines inneren Gleichgewichts.
Es musste für eine gewisse Zeit verloren gehen, damit ich in
ein anderes, um die neuen Eindrücke bereichertes Gleichgewicht finden konnte. Auf dem Wasserturm verhielt es sich
dagegen anders. Die Zeit, die ich in Brasilien verbrachte, war
so lang, dass mein europäisches Zuhause dort keine große
Rolle spielte. Ich musste die beiden Welten nicht ineinander
fließen lassen. Sie konnten unabhängig voneinander existieren.*

Die Prozesse in unserem Universum, auf die ich nun zu
sprechen komme, weisen durchaus Gemeinsamkeiten mit
der persönlichen Erfahrung auf, die ich in Michigan machte.

Bisher habe ich angedeutet, dass die Veränderung und die
Verbundenheit als elementare Größen hinter unserer Welt
stehen. Dabei steuert das *Zusammenspiel von Abgrenzung
und Zusammenschluss* die natürlichen Abläufe, die sich vor
diesem Hintergrund ergeben. Der Inhalt unseres Universums
wird dadurch komplexer.

In Analogie zu meinen persönlichen Erfahrungen gehören
dazu aber auch Prozesse, bei denen bereits erreichte Stabi-
litäten wieder aufgegeben werden, damit „Neues", noch
„Umfassenderes" entstehen kann. So verlieren beispielsweise
die Quarks ihre Unabhängigkeit, wenn sie sich zu Protonen
oder Neutronen zusammenschließen. Protonen und Neutronen „opferten" wiederum ihr eigenes „Sosein", als sie sich in
der frühen Phase des Universums mit Elektronen zu (elek-
trisch neutralen und deshalb erst voneinander abgrenz-
baren) stabilen Wasserstoff- und Heliumatomen verbanden.

Wie wir wissen, sollten Wasserstoff und Helium nicht als die einzigen stabilen Zusammenschlüsse im Universum verbleiben. Das heutige Periodensystem umfasst 118 uns bekannte Elemente. Hoimar von Ditfurth bezeichnet Helium als ein „Kosmisches Fossil", da es erst den Beginn einer langen Entwicklung markierte (vgl. Dithfurth 1981, S. 26).

Genauso wie sich die Elementarteilchen zu den einfachen Atomen vereinigten, so ist auch die Entstehung aller weiterer Elemente darauf zurückzuführen, dass zu Lasten stabiler Zusammenschlüsse „Neues" integriert wurde. Dieser Prozess wird auf der Stufe der Entstehung der Elemente sogar besonders deutlich. Bei seiner Betrachtung lässt sich ein weiteres Prinzip erkennen, das ich als das zweite „Metagesetz" bezeichne, die Erzeugung von Vielfalt:

Als wäre der Prozess der Abgrenzung lokal unterbrochen worden, begannen Bestandteile des Universums, ihre Eigenart wieder zu verlieren. Denn aufgrund der zwischen ihnen auftretenden Gravitationskräfte verdichteten sich im Universum befindliche Gaswolken aus Wasserstoff und Helium zu den Sternen. Durch den großen, von den Gravitationskräften verursachten Druck, stieg die Temperatur im Inneren der Sterne enorm an. Sie wurde so hoch, dass ein Teil der Wasserstoff- und Heliumatome sogar miteinander verschmolz, wodurch die neuen, komplexen Elemente entstanden, die die Vielfalt in unserer heutigen Welt charakterisieren. Dieser Vorgang dauert immer noch an. In Abhängigkeit von der Masse eines Sterns finden in seinem Inneren auch heute Kernfusionen statt.

Da für die Entstehung der Elemente, die schwerer sind als Eisen, zusätzliche Energie benötigt wird, bedarf es, neben den „gewöhnlichen" Fusionsprozessen in den Sternen, eines weiteren Vorgangs. Sobald die Fusionsprozesse abgeschlossen sind und der dadurch erzeugte Strahlungsdruck abfällt, schrumpft der Stern aufgrund der von seiner eigenen Masse ausgehenden Gravitationskraft in sich zusammen. Bei sehr großen Sternen verläuft dieser Prozess sehr rasch, so dass es abermals zu einer starken Verdichtung und sehr hohen Temperaturen kommt. Unter diesen Voraussetzungen finden neue Kernreaktionen statt, aus denen die restlichen der uns bekannten Elemente hervorgehen. Ein Teil des Sterns wird schließlich in den Raum hinaus geschleudert und die im Stern entstandenen Elemente verteilen sich im All.

Die grundlegenden Abläufe in unserem Universum verlaufen von Anfang an dahingehend, dass durch die Integration bereits vorhandener Einheiten in die bestehenden Zusammenschlüsse „Neues" entstehen kann. Dabei wird aus dem Vollen geschöpft. Carsten Bresch schreibt beispielsweise, dass bis zum Niveau von Molekülen wohl die Gesamtheit der potenziellen Mannigfaltigkeit in unserem Universum realisiert wird. „Alle theoretisch möglichen Moleküle werden in der realen Welt tatsächlich irgendwo vorkommen." (Bresch 2010, S. 51)

Interessant an dieser Betrachtung ist, dass ein und derselbe Umstand sowohl für den Zuwachs an Komplexität als auch für die Zunahme an Vielfalt im Universum verantwortlich ist: die Entstehung des Raums. Nur weil sich genügend Raum für eine ausreichend große Abgrenzung im Universum entwickelte, konnte es zu dauerhaften Verbindungen und so zur Entstehung komplexer Strukturen kommen. Gleichzeitig erzeugt der Raum infolge seiner Krümmung in der Nähe von massebehafteten Körpern die Gravitation. Diese führte zur Verdichtung der Wasserstoff- und Heliumwolken, wodurch die Sterne entstanden, die Geburtsstätte aller weiterer Elemente. Der Raum gibt seinen Inhalten die Möglichkeit, sich voneinander zu entfernen. Gleichzeitig bewahrt er die Welt davor, sich in der Unendlichkeit zu verlieren.

Zumindest in der materiellen Welt, scheint es ein Gleichgewicht zwischen der Erzeugung von Komplexität und der Erzeugung von Vielfalt zu geben. Auch wenn die Erzeugung der elementaren Vielfalt ein Verschmelzen bereits komplexer Zusammenschlüsse erfordert und das Universum sich lokal wieder dem Urzustand des Materiebreis nähert, handelt es sich hier um zwei nur scheinbar gegeneinander gerichtete Tendenzen. Entsprechend dem „Zusammenspiel von Abgrenzung und Zusammenschluss" entwickeln sich Komplexität und Vielfalt stets gemeinsam. Erst die Existenz vielfältiger Bestandteile ermöglicht eine tatsächliche Zunahme an Komplexität an der Stelle eines bloßen Wachstums an Größe. Die Komplexität kann also nur wachsen, wenn auch die Vielfalt wächst. Bis zu einem gewissen Grad ist dieser Zusammenhang auch umkehrbar, da sich nur ausreichend komplexe Strukturen in immer wieder neuen Varianten voneinander unterscheiden können. Beide Prozesse jedenfalls begründen sich in den Eigenschaften des Raums.

In meiner Freizeit beschäftige ich mich sehr gerne mit Gartenarbeiten. Ich liebe es, die Erde unter meinen Füßen zu spüren, den unterschiedlichen Gesängen der Vögel zuzuhören und mich vom Surren der Hummeln und Bienen in einen tranceartigen Zustand versetzen zu lassen. Das in verschiedenen Grüntönen schimmernde Blattwerk hat eine beruhigende Wirkung auf mich, und in der wärmenden Sonne habe ich das Gefühl, ich könnte Energie tanken. Es macht mir Freude, zu beobachten, wie sich die unterschiedlichen Pflanzen ihren

Anlagen entsprechend entwickeln. Manche wachsen säulenförmig in die Höhe, andere kriechen weit ausladend am Boden dahin. Jede Pflanze versucht nach ihren eigenen Möglichkeiten, Lebensraum zu ergattern. Die Vielfalt der Pflanzen macht den Bestand widerstandsfähig gegen Schädlings- und Pilzbefall und wirkt selbst auf uns Menschen zurück: Sie lässt uns den Garten behaglicher erscheinen als eine Monokultur. Manche Pflanzen erweisen sich als sehr robust. Abgeschnittene Zweige der Weide beispielsweise braucht man nur in eine Vase zu stellen oder in feuchtes Erdreich zu stecken. Nach kurzer Zeit bilden sie Wurzeln und wachsen zu einer neuen, vom ursprünglichen Baum unabhängigen, Pflanze heran. Das Gleiche gilt für das so zart erscheinende Basilikum. Genau genommen macht auch jede andere Pflanze nichts anderes, wenn sie Samen produziert und diese vom Zusammenschluss des restlichen Zellgefüges abtrennt. Wenn ein bestimmter Teil vom Rest der Pflanze abgegrenzt wird, entsteht ein neues pflanzliches Individuum.

Die Nabelschnur zu den Sternen

Dass es Parallelen zwischen den materiellen und den lebendigen – insbesondere menschlichen – Reifungsprozessen gibt, ist nicht verwunderlich. Wir Menschen sind ein Teil und ein Produkt dieses Universums. Wir kommen aus ihm heraus und sind untrennbar mit ihm verbunden. Am Anfang war alles eins. Und so sind auch wir Menschen dem „Schmelztiegel" entwachsen, der den Beginn unseres Universums markierte. Diese <u>Verbundenheit</u>, die alle Bestandteile dieser Welt betrifft, ist die zweite Bedingung, die zusammen mit der Veränderung den äußeren Rahmen unseres Universums absteckt.

Letztendlich wissen wir alle, dass dem so ist. Die Wissenschaft ist sich dessen bewusst, die Esoterik hat viel Aufhebens darum gemacht und religiöse Vertreter, wie zum Beispiel Papst Franziskus, argumentieren auf der Basis dieses Wissens. Die Umwelt-Enzyklika des Papstes „Laudato Si" trägt bezeichnender Weise den Untertitel „Über die Sorge für das gemeinsame Haus". Darin heißt es: „Es ist nicht überflüssig zu betonen, dass alles miteinander verbunden ist. Die Zeit und der Raum sind nicht voneinander unabhängig, und nicht einmal die Atome und die Elementarteilchen können als voneinander getrennt betrachtet werden. Wie die verschiedenen physikalischen, chemischen und biologischen Bestandteile des Planeten untereinander in Beziehung stehen, so bilden auch die Arten der Lebewesen ein Netz, das wir nie endgültig erkennen und verstehen. Einen guten Teil unserer genetischen Information haben wir mit vielen

Lebewesen gemeinsam. Aus diesem Grund können die bruchstückhaften und isolierten Kenntnisse zu einer Art von Ignoranz werden, wenn sie sich nicht in eine umfassendere Sicht der Wirklichkeit einfügen lassen." (Papst Franziskus 2015, S. 147)

Wir bilden eine Einheit mit allem, was um uns herum existiert. Nach der Geburt unseres „raumzeitlichen" Universums nahmen die Dinge ihren Lauf. Unser momentaner Zustand ist auf nichts anderes zurückzuführen als auf den ersten Augenblick in der Geschichte unserer Welt. Und deshalb sind selbst die Fragen unserer menschlichen Existenz: Wer sind wir, was wollen wir werden, was wollen wir wollen, woran sollen wir uns orientieren, was macht uns glücklich? erst vor diesem Hintergrund zu betrachten.

Unser Körper ist aus den Elementen aufgebaut, die kurz nach dem Urknall bzw. später im Inneren der Sterne entstanden sind. Wir sind abhängig vom Sauerstoffgehalt unserer Luft. Unser Knochenbau ist ausgerichtet auf die Stärke der Gravitationskraft, die zwischen der Masse unseres Planeten und der Masse unseres Körpers wirkt. Wir können genau diejenigen Wellenlängen des Sonnenlichts mit unserem Auge wahrnehmen, die relativ ungefiltert die Erdatmosphäre durchdringen. Das ultraviolette Licht sehen wir nicht, denn als wir noch in waldreichen Gebieten lebten, uns nicht in die Sonne legen wollten und die Ozonschicht noch dicker war als heute, war es für uns nicht nötig, einen Sinn für die ultraviolette Strahlung zu entwickeln. Wir haben uns zu den Wesen entwickelt, die wir heute sind, weil unser Universum so ist, wie es ist, und weil es so war, wie es war. Aus der Physik wissen wir, dass kleinste Abweichungen von den Naturkonstanten zu tiefgreifenden Veränderungen in der

Gestalt des Universums geführt hätten. Nichts wäre so, wie es ist, wäre beispielsweise die Ruhemasse eines Elektrons nur ein wenig größer oder die Ladung eines Protons auch nur minimal geringer, als sie es sind. Die Atome der heutigen Elemente hätten selbst bei den kleinsten Abweichungen eine andere Form oder wären nicht einmal vorhanden.

Aufgrund der engen Beziehung zu unserer gewachsenen Welt können wir aus der Betrachtung des Universums etwas über uns selbst erfahren, sowie auch unsere menschliche Existenz etwas über die Gestalt des Universums auszusagen vermag. Beispielsweise könnten wir aus unserem Knochenbau Rückschlüsse auf die Stärke der Erdanziehungskraft ziehen. Und sogar ein viele Lichtjahre von uns entfernter Meteorit befindet sich eben gerade deshalb in seiner derzeitigen Größe an seinem momentanen Platz, weil es unter anderem auch unsere Erde gibt, zu der wir gehören.

Würden wir die Umkehrung dieses Gedankengangs ungebremst fortführen, kämen wir irgendwann zu dem Schluss, wir könnten aus der Gestalt des Universums persönliche Dinge ablesen. Die Astrologie versucht sich darin. Wissenschaftlich betrachtet sind entsprechende Rückschlüsse allerdings nicht praktikabel. Erstens ginge die zu bearbeitende Datenmenge gegen unendlich und zweitens würde aufgrund der Vielzahl der beteiligten „Objekte" die uns zur Verfügung stehende Rechentechnik keine exakten Ergebnisse mehr liefern. Wir bekämen nur noch Wahrscheinlichkeiten präsentiert.

Fest steht allerdings, dass über alle Zeiten und Orte hinweg die Bestandteile unseres Universums aufeinander wirken. Ihr Zusammenspiel gestaltet im weiteren Sinn das Hier und Jetzt. Auch wenn wir die Folgen dieser Verbundenheit nicht

vorhersagen können, sind wir eingebunden in eine vier-
dimensionale Welt, sind ein Teil von ihr. Wir sind heraus ge-
wachsen aus dem unendlich kleinen Punkt, der den Beginn
der Entwicklung eines jeden Bestandteiles unseres Universums markierte. So haben wir mit jedem Stern und allem,
was es in diesem Universum gibt, zu tun, auch wenn es sich
noch so weit entfernt von uns befindet.

Nun gibt es, neben unserer physikalischen, chemischen und
biologischen Verbundenheit mit der Welt eine zweite Verbindung, die bislang nur wenig in Betracht gezogen wird. Sie ist
eher psychischer Natur und hat ihren Ursprung in einer notwendigen Identifizierung des Menschen mit der Schöpfung.

Da wir aus unserem Universum hervorgegangen sind, stehen
wir mit ihm in einer Beziehung, die in gewisser Hinsicht einer
Eltern-Kind-Beziehung gleicht:

Jedes Kind scheint zunächst eine eigene, einzigartige Persönlichkeit zu sein. Sobald es erwachsen ist, kann es scheinbar
unabhängig von seinen Eltern leben. Es sieht so aus, als
könnte das Kind im Laufe der Zeit immer mehr über sein
Leben bestimmen und wahrhaft eigene Ziele verfolgen. In
Wahrheit aber bleibt es ein Leben lang mit seinen Eltern
verbunden, sogar dann, wenn es gezielt nach Unabhängigkeit strebt, sich von seinen Eltern distanziert und versucht, sein Leben bewusst anders zu gestalten. Eltern
stecken die Rahmenbedingungen für das Leben ihrer Kinder
ab. Denn die Bindung der Kinder an ihre Eltern hat im
Vergleich zu anderen zwischenmenschlichen Beziehungen
eine herausragende Bedeutung: Eltern sind die Basis der
Identitätsentwicklung ihrer Kinder. Sie stehen ihnen am
nächsten und sind, zumindest in den ersten Jahren ihrer
Entwicklung, der beinahe einzige Bezugspunkt. Es bleibt den

Kindern gar nichts anderes übrig, als sich mit ihren Eltern zu identifizieren. Ansonsten bleibt es in ihnen leer. Um überhaupt etwas zu wollen, und somit handlungsfähig zu werden, brauchen sie ein Bild von sich selbst. Dieses Bild wird durch das „Sein" der Eltern bestimmt. Durch ihr Verhalten nehmen sie einen großen Einfluss auf die Gefühlswelt und die Lebensführung ihrer Nachkommen. Eltern sind *das* Modell dafür, wie das Leben als erwachsene Frau oder als erwachsener Mann auszusehen hat. Aufgrund der Identifizierung der Kinder mit ihren Eltern, können sich Kinder insbesondere nur dann selbst lieben, wenn ihnen dies auch mit ihren Eltern gelingt!

Wie gut (oder schlecht) die Beziehung zwischen den Eltern und ihren Kindern auch sein mag, sie prägt das Selbstbild der nächsten Generation. Umgekehrt wirkt das Befinden und Verhalten der Kinder auf das Befinden und somit auf das weitere Verhalten ihrer Eltern zurück. Die Spirale kann sich nach oben oder nach unten drehen. Entweder reifen Eltern und Kinder gemeinsam oder sie begeben sich gemeinsam in einen emotionalen Abstieg.

Die grundsätzliche Verbundenheit des Menschen mit den anderen Teilen der Schöpfung können wir uns ganz ähnlich vorstellen wie es uns das Modell der Eltern-Kind-Beziehung vor Augen führt. Denn zwischen uns Menschen und der Welt gibt es eine vergleichbare Verbindung: Wir sind herausgewachsen aus einer Welt, die es lange vor uns gab. Sie gibt uns Rahmenbedingungen vor, an denen sich unser Leben orientieren wird. Sie setzt uns Grenzen und gibt uns dazwischen Raum für unsere Entwicklung und Reifung. Sie kümmert sich um uns, indem sie uns ernährt und wärmt. Sie ist unsere Basis, auf der wir unsere Erfahrungen machen.

Die gesamte Welt ist der Hintergrund, vor dem wir uns erkennen, so wie sich die Kinder an ihren Eltern erkennen. Setzen wir uns nicht mit der Welt auseinander, indem wir uns auf sie einlassen und sie erspüren, bleibt es in uns genauso leer wie bei einer misslungenen Identifizierung mit unseren Eltern. Wie sich die Welt um uns herum gestaltet, wie sie sich „benimmt", bestimmt unser Erleben und unsere Gefühle. Die amerikanischen Ureinwohner nannten die Erde seit jeher ihre Mutter. Im Schöpfungsmythos der Dineh (Navajo) wird sie interessanter Weise auch als „Frau der Veränderung" bezeichnet (vgl. Hetmann 1998, S. 53).

Wir reagieren sensibel auf die Abläufe in unserer Umgebung, seien sie physikalischer, chemischer oder psychosozialer Natur. Oberflächlich betrachtet können wir machen, was wir wollen. Doch letztendlich können wir unsere Wurzeln und unsere Abhängigkeit davon nicht verleugnen. Nur durch eine gelungene positive Identifizierung mit der Welt können wir zu einem stabilen Selbstwertgefühl gelangen. Wir können uns nur dann wahrhaftig schätzen und lieben, wenn wir auch der gesamten Schöpfung Liebe und Achtung entgegenbringen. Eine indianische Weisheit besagt: „Wenn das Land krank ist, sind auch die Menschen krank, und wenn die Menschen krank sind, ist das Land krank." (Blatchford 1995, S. 62.) Selbst aus psychologischer Sicht gilt deshalb, dass wir uns selbst verraten, wenn wir unsere Welt misshandeln.

Diese allseitige Verbundenheit kann nicht zu den „Metagesetzen" gezählt werden. Sie birgt keinen Mechanismus in sich, welcher der Gestalt der Welt stets neue Form verleiht. Wie die Veränderung ist die Verbundenheit eine Rahmenbedingung, die alle Bestandteile unserer Welt umschließt. Sie versetzt uns in eine Beziehung mit dem Rest der Welt. Sie befähigt uns auf diesen einzuwirken und verpflichtet uns die Folgen unseres Handelns auszuhalten.

In den letzten Jahrhunderten bekamen wir Menschen immer mehr Macht, die Entwicklung unseres Planeten und des umliegenden Raums aktiv mitzugestalten. Wie auch immer man darüber denken mag, die Möglichkeit unserer Einflussnahme ist ein Ausdruck gerade dieses Beziehungsgeflechts. Die Beziehungsspirale wird sich drehen. Die Richtung wird von uns selbst entscheidend mitbestimmt.

Der brasilianische Erzbischof und Präsident des Indianermissionsrates CIMI, Dom Roque Paloschi, bemerkte anlässlich einer Fachtagung zum Thema „Schöpfung in Gefahr" im Juli 2016: „Gott verzeiht immer, der Mensch manchmal, die Natur nie." Alles was wir tun wird seine Spuren hinterlassen, äußerlich und – nicht zu vergessen – innerlich.

Der Apfel fällt nicht weit vom Stamm

Als ein winziger Teil des riesenhaften Universums erwuchs vor ca. viereinhalb Milliarden Jahren unsere Heimat, die Erde. Auf ihr herrschten in der Zeit nach ihrer Entstehung ganz andere Bedingungen vor, als wir sie heute kennen. Die Uratmosphäre unseres Planeten bildete sich aus Entgasungsprodukten des Erdmantels, die durch vulkanische Aktivitäten freigesetzt wurden. 85% der Entgasungsprodukte bestanden aus Wasserdampf und 10% aus Kohlendioxid. Der Rest bestand vorwiegend aus Schwefelverbindungen. Es gab zu dieser Zeit noch keinen freien Sauerstoff. Das heißt es fehlte eine wesentliche Grundlage für das tierische Leben.

Da sich die Erde in einem Abstand zur Sonne befindet, der zu Temperaturen zwischen ca. -90° Celsius und +60° Celsius auf der Erde führt, kommt Wasser in allen drei Aggregatszuständen vor. Deshalb konnte sich nur ein winziger Teil des von den Vulkanen ausgestoßenen Wasserdampfes in der Atmosphäre halten. Der Großteil davon wurde abgeregnet. Zusammen mit dem Wasser, das durch den Aufprall anderer Himmelskörper auf die Erde kam, bildeten sich daraus die Ozeane.

Erst unter der schützenden Decke des Wassers konnte sich das irdische Leben entwickeln, wie wir es heute kennen. Aufgrund des noch fehlenden freien Sauerstoffs in der Atmosphäre, war die ultraviolette Strahlung des Sonnenlichts an Land zu stark. Neu entstandenes Leben wäre sofort verbrannt. Freier Sauerstoff dagegen hat die Eigenschaft, ultraviolette Strahlung zu absorbieren und das Leben zu schützen. Vor allem durch die Entstehung des pflanzlichen und bakteriellen Lebens in den Ozeanen und der damit einhergehenden Fotosynthese (zu den frühesten Lebensformen, die in der Lage waren Fotosynthese zu betreiben, zählten die sogenannten Cyanobakterien), reicherte sich der Sauerstoffgehalt der Erdatmosphäre an. Auf diese Weise entwickelte sich eine schützende, das ultraviolette Licht absorbierende Ozonschicht, wodurch die Möglichkeit für eine Besiedelung des Landes geschaffen wurde.

Wie das Leben auf der Erde entstanden ist, entzieht sich noch unserem Wissen. Es kann sein, dass die damalige Zusammensetzung der Atmosphäre, das Vorhandensein der Meere und die erhöhte Energiezufuhr – aufgrund der vorherrschenden starken UV-Strahlung – chemische Reaktionen begünstigten, die zu organischen Verbindungen führten. Andererseits mehren sich heute die Hinweise darauf, dass organische Verbindungen (Aminosäuren) durch die Einschläge von Meteoriten auf die Erde gebracht wurden.

Sicher ist jedenfalls, dass das irdische Leben nicht mit komplexen Strukturen begann. Der Weg hin zu komplexen Lebewesen begann mit einzelligen Formen und führte über zahlreiche Zwischenstufen zu der reichhaltigen Flora und Fauna, die wir heute kennen.

Betrachtet man die Entwicklung des irdischen Lebens so wird deutlich, dass sich die bisher beschriebenen Prozesse (der Zuwachs an Komplexität – aufgrund des „Zusammenspiels von Abgrenzung und Zusammenschluss" – und die Zunahme an Vielfalt) auch auf den Bereich des Lebendigen erstrecken.

Zunächst schlossen sich Ketten einfacher Moleküle zu Zellen zusammen. Sie wurden „eigenständig", indem sie sich nach außen hin durch eine Membran von ihrer Umgebung abgrenzten. (Das Bild einer lebenden Zelle, bestehend aus Zellkern und Membran, erinnert dabei an den Aufbau eines Atoms, bestehend aus einem Kern, der von einer Elektronenhülle umgeben wird.)

Ein großer Teil der Einzeller schloss sich weiter zu vielzelligen und immer komplexer werdenden Organismen zusammen. Bei ihrer Entstehung muss es bereits im Inneren dieser Organismen zum Zusammenschluss einzelner Zellverbände gekommen sein, die sich auf bestimmte Aufgaben spezialisierten. Es sind die Organe, die ihre Aufgaben wiederum nur dann übernehmen können, wenn sie sich voneinander abgrenzen. So macht auch im Bereich des Lebendigen jeder Zusammenschluss nur durch die gleichzeitige Abgrenzung der neu entstandenen Strukturen von ihrer Umgebung einen Sinn. Nur so können von den Zellverbänden spezielle Funktionen übernommen werden und nur so kann letztendlich ein individuelles Erleben und Bewusstsein entstehen.

Zu den bisher komplexesten Organismen zählt auch unser menschlicher Körper. Er ist ein Zusammenschluss aus unzähligen Komponenten. Man schätzt, dass ein erwachsener Mensch aus ungefähr 100 Billionen einzelliger Strukturen besteht. Jede dieser Zellen besitzt einen eigenen Stoffwechsel und durchläuft einen eigenen Lebenszyklus.

Neben der körperlichen Struktur, lässt sich auch das menschliche Erleben und Verhalten mit Hilfe der Metagesetze beschreiben. Der Mensch sucht die Gemeinschaft mit anderen. Nur so konnte er im Laufe seiner Evolutionsgeschichte überleben. In der Gemeinschaft fand er Unterstützung bei der Nahrungssuche und beim Kampf gegen wilde Tiere. In einem geschützten Rahmen fand er zudem die Zeit, sich selbst zu spezialisieren. Die anfallenden Tätigkeiten wurden – den Talenten der Gruppenmitglieder entsprechend – innerhalb der Gruppe aufgeteilt. Der Mensch wurde zu einem Organ in der Gruppe. Einzelne Gruppen grenzten sich wiederum gegen andere Gruppen ab. Verschiedene Stämme kämpften als Nahrungskonkurrenten gegeneinander und bis heute bekriegen sich die unterschiedlichen Nationen.

Nach dem Abitur erwartete mich eine 18monatige Wehrpflicht. Eigentlich wollte ich dem Dienst an der Waffe entkommen und ließ mich deshalb von verschiedenen Ärzten auf eine mögliche Untauglichkeit untersuchen. Meine körperlichen Leiden waren allerdings zu gering, als dass ich damit Erfolg haben konnte.

Ich wurde im Frühsommer des Jahres 1989 einberufen. Ich hatte die Schule abgeschlossen und machte mich daran, einen neuen Lebensabschnitt zu beginnen. Ich fuhr durch das breite, stählerne Tor der Kaserne. Dort erwartete mich eine Verwandlung, deren Sinn sich mir erst später erschloss: Gleich am ersten Tag wurden wir zur Kleiderkammer geschickt. Einschließlich unserer Unterhosen bekamen wir das gleiche Gewand, die für das Bataillon übliche Uniform. Der Haarschnitt musste kurz sein und der Bart kam ab, sobald er nicht sauber geschnitten war. Äußerlich unterschieden wir uns fast nur noch anhand unserer Körpergröße. Wir wurden in einheitlich eingerichteten Stuben untergebracht, in denen sich die gleichen Tische, Stühle, Betten und Schränke befanden. Die Schränke mussten wiederum identisch eingeräumt werden.

Erst später wurde mir bewusst, dass wir am Kasernentor unsere Persönlichkeit abgeben mussten. Alles war darauf ausgerichtet, dass wir funktionierten. Wir sollten nichts Be-

sonderes sein, weil etwas Besonderes eine individuelle Be-
handlung verlangt. Wir wurden bestens versorgt, so dass wir
nicht viel Zeit damit verbringen mussten, uns mit unseren
persönlichen Bedürfnissen zu beschäftigen. Wir bekamen
reichlich zu essen, unsere Wäsche wurde gewaschen, es war
geregelt, wann wir zu Bett gingen und wann wir Sport treiben
mussten. Unsere Individualität wurde uns genommen, damit
wir uns besser in den übergeordneten Organismus des Heeres
einfügen konnten. Wir wurden zu kleinen Einheiten, deren
Funktion und Bedeutung mit Hilfe verallgemeinerter Symbole
auf unseren Schulterklappen vermerkt worden war. Wie eine
Zelle im menschlichen Körper dienten wir unserem „Zug", der
Teil unserer Kompanie war, die wiederum dem Bataillon
unterstand usw.

Zwar klingt es erschreckend, in welchen Mechanismus junge
und entwicklungsfähige Menschen gedrängt werden, wenn sie
sich zum Militär begeben, doch es wird hier nur ein bewährtes
Prinzip aufgegriffen, dem wir alle in ganz natürlicher Weise
unterliegen: der Zusammenschluss individueller Einheiten zu
einem komplexen Organismus. Das Kasernenleben fühlte sich
auch nicht ausschließlich unangenehm an. Zwar freute ich
mich stets darauf, die Kaserne wieder zu verlassen, gleich-
zeitig aber hatte ich ein angenehmes Gefühl dabei, mich als
einen Teil dieser großen Gemeinschaft zu erleben.

In unserem Alltag spüren wir immer wieder das ambivalente
Gefühl der Suche nach Zusammenhalt und dem gleichzei-
tigen Bedürfnis nach Abgrenzung. Da es auf das Zusammenspiel der beiden Prozesse ankommt, verbessert sich in der
Regel der Zusammenhalt in einer Gruppe, wenn es ein ge-
meinsames Feindbild gibt. In einer Firma kann der gemeinsame Feind der Vorgesetzte sein. In der Schule ist es häufig

der Lehrer. Als ich meinen Wehrdienst absolvierte, war es noch Sitte, dass höhere Dienstgrade bei der Ausgabe von Befehlen und bei der Ausübung von Kritik ihre Untergebenen anschrien. Gerade deshalb war die Kameradschaft unter uns Neulingen besonders groß. Ich denke sogar, dass es der Menschheit gelingen könnte, sich erstmalig in ihrer Gänze zusammenzuschließen und miteinander zu kooperieren, wenn sie ein klar erkennbares Feindbild hätte. Eine ökologische Bedrohung reicht dazu scheinbar nicht aus. Vielleicht ist diese Gefahr zu abstrakt. Vielleicht macht sie uns noch zu wenig Angst. Der wahrscheinlichste Grund, warum es uns nicht gelingt vor dem Hintergrund einer drohenden Klimakatastrophe zusammenzuarbeiten, ist aber die Tatsache, dass es keinen Bösewicht gibt, der sich völlig von uns abgrenzen lässt. Irgendwie sind wir ja alle an der Schädigung unserer Umwelt beteiligt. Wenn außerirdische Lebewesen unser Klima bedrohen würden, sähe die Lage wohl anders aus. Gemeinsam würden wir alles in unserer Kraft Stehende tun, um die äußere(!) Gefahr von uns abzuwenden.

Die Metagesetze und davon insbesondere das *Zusammenspiel von Abgrenzung und Zusammenschluss*, auf das sich das vorangegangene Beispiel in erster Linie bezog, charakterisieren die gesamte Entwicklung unserer Welt. Dies betrifft nicht nur ihre unbelebten, sondern auch ihre belebten Bereiche: „Der Apfel fällt nicht weit vom Stamm." Der Mensch ist nicht nur in seiner biologischen Entwicklung diesem Prozess angegliedert, sondern er richtet auch sein Erleben und Verhalten danach aus. Ob dem so ist, weil die Evolution ihn zufällig in diese Rolle gedrängt hat, oder ob dahinter ein universelles Gesetz steht, von dem auch die Evolution geleitet wird, lässt sich nicht überprüfen. Jedenfalls aber nimmt die

Entwicklung der materiellen Welt und die des Lebens einen vergleichbaren Weg.

Exkurs:

Der tragfähige Zusammenschluss von Menschen zu Gruppen hat übrigens eine Obergrenze. Aus evolutionärer Sicht schlossen sich unsere Vorfahren nicht aus einem Gefühl der Einsamkeit zusammen, sondern weil sie nur in größeren Verbänden überleben konnten. Das Gefühl der Einsamkeit dürfte sich erst nachträglich entwickelt und etabliert haben, als die „Einzelgänger" langsam ausstarben. Die Gruppe musste einen Nutzen haben. Sie musste ihren Mitgliedern Sicherheit versprechen, vor Feinden, vor wilden Tieren und vor Nahrungsmangel. Ein Gefühl der Sicherheit konnte allerdings nur entstehen, wenn sich die Gruppenmitglieder untereinander vertrauen konnten. Was hilft ein Jagdgefährte, wenn er nach einer erfolgreichen Jagd den Partner erschlägt, um die Beute allein zu verzehren? Nur wenn es den Gruppenmitgliedern gelang, sich untereinander einzuschätzen, wenn sie Kenntnis über das Bestreben der anderen erlangten, konnte dies den Zusammenhalt in einer Gruppe gewährleisten. Um diesen Zustand zu erreichen, war und ist es auch heute noch notwendig, dass die Beziehungen innerhalb einer Gruppe gepflegt werden. Die Gruppenmitglieder müssen in einem kontinuierlichen Austausch miteinander stehen, sie müssen etwas miteinander tun.

Da die Pflege von Beziehungen Zeit benötigt, ist die Zahl der Menschen, mit denen man gute Beziehungen unterhalten kann, nach oben begrenzt (vgl. auch Junker 2008, S. 81 f.): In einer Gruppe mit bis zu 150 Individuen können Beziehungen auf natürliche Weise gepflegt werden, ohne dass es nötig wird, Gesetzbücher und andere gesellschaftsrelevante Strukturen einzuführen. Bei großen Gruppen sind es gemeinsame Mythen, die den Zusammenhalt weiter ermöglichen. Künstliche Strukturen, wie die gemeinsamen Ziele eines Unternehmens oder religiöse Glaubensvorstellungen dienen dem Zusammenschluss und der Kooperation der einzelnen Mitglieder (vgl. Harari: 2013, S. 40 f.). In großen Gruppen wird die emotionale Beziehungspflege also durch rationale Strukturen ersetzt. Der Zusammenschluss in den „Köpfen" ist jedoch bei Weitem nicht so tragfähig wie derjenige, der auf Vertrauen und Freundschaft basiert. Je weiter der Prozess einer Spezialisierung eines Menschen voranschreitet, desto weniger kommt es auf seine Persönlichkeit an. An ihre Stelle tritt zunehmend die Rolle, die der Mensch innerhalb seiner Gruppe einnimmt. Je wichtiger diese Rolle wird, desto einsamer wird es um den Menschen selbst. So erhält der Chef eines Unternehmens nur während seiner beruflichen Tätigkeit besondere Aufmerksamkeit. Setzt er sich zur Ruhe, verschwindet auch sein Glanz. Seine Rolle wird nun von einem anderen übernommen.

Der Zufall ist Methode

Bisher habe ich versucht zu beschreiben, wie aus den Grundfesten des Universums (dem Raum und der Zeit) unmittelbar die Rahmenbedingungen für unsere Welt (die Verbundenheit und die Veränderung) erwachsen und wie es über das sich daraus ergebende *Zusammenspiel von Abgrenzung und Zusammenschluss* zu einem Wachstum an Komplexität kommt. Gleichzeitig zeichnet sich die Zunahme an Vielfalt als ein weiteres Grundprinzip unseres Universums ab. Die Zunahme an Komplexität und die Zunahme an Vielfalt entwickeln sich stets gemeinsam. Wie das Wachstum an Komplexität kann auch die Zunahme an Vielfalt nicht unabhängig von den anderen hier dargelegten elementaren Größen und Prozessen betrachtet werden. Sie steht mit den bisher beschriebenen Rahmenbedingungen und Prinzipien in einer engen Verbindung.

Insbesondere bei lebendigen Organismen wird beim Zusammenschluss vieler Einheiten zu einem einzigen Gebilde ein hoher Grad an Ordnung erzielt. Je komplexer ein Lebewesen aufgebaut ist, desto bemerkenswerter ist seine ausgetüftelte Struktur. Die Regelmäßigkeit der Anordnung seines Zellgefüges und der Zusammenschluss der Zellen zu funktionalen Arealen, wie den Organen, erfordern ein hohes Maß an Ordnung. Allein schon der Blütenstand eines Löwenzahngewächses kann durch die präzise geometrische Anordnung seiner einzelnen Samen überraschen.

Wie alles in der Welt, unterliegen auch das Wachstum an Komplexität und die damit einhergehende Ordnung notwendigerweise der Rahmenbedingung der Veränderung.

Gerade bei lebendigen Organismen wird dieser Umstand in ganz besonderer Weise deutlich. Wir leben nicht nur in einer sich verändernden Welt. Als Teil des Universums sind wir selbst ein Motor ständiger Veränderung: Lebewesen benötigen zu ihrem Selbsterhalt Energie. Dazu müssen sie Substanzen aus ihrer Umgebung aufnehmen und eventuell anfallende Abfallprodukte wieder ausscheiden. Das Leben zeichnet sich dadurch aus, dass es einen Stoffwechsel besitzt, weshalb es seine Umgebung stets verändert. Alles Lebendige ist von Natur aus Veränderungen ausgesetzt, weil es diese selbst hervorbringt. Folglich muss es sich auch mit ihnen auseinandersetzen. Um bestehen zu können, muss sich das Leben an die stetige Veränderung der Umwelt und des eigenen Daseins anpassen.

Unsere Welt befindet sich in einem Spannungsfeld zwischen dem Bestreben des Sich-Verbindens zu geordneten komplexen Strukturen und einer unaufhörlichen Bewegung, die der geschaffenen Ordnung keine Ruhe zu lassen scheint. So vollzog es sich bereits bei der Entstehung der Elemente, und so setzt es sich in den lebendigen Bereichen fort.

Im Kapitel zum Prinzip der Vielfalt habe ich darauf hingewiesen, dass die Existenz des Raums hinter den beiden Polen dieses Spannungsfeldes steht. Aus der Physik geht auch ein mathematisches Gesetz hervor, das dem unentwegten Wachstum der Ordnung eine Grenze setzt, und das meines Erachtens die Balance zwischen der Zunahme an Komplexität und der Zunahme an Vielfalt naturwissenschaftlich zum Ausdruck bringt. Es gibt ein physikalisches quantitatives Maß für die Unordnung: die sogenannte Entropie. Der zweite Hauptsatz der Thermodynamik besagt, dass in einem geschlossenen System die Entropie nicht abnehmen kann. Das bedeutet, dass keine Ordnung geschaffen werden kann, wenn nicht die Unordnung im selben System um einen mindestens genauso großen Wert zunimmt. Ordnung und Komplexität können deshalb nicht mehr Gewicht bekommen als die Unordnung, welcher die Ausdifferenzierung und die Vielfalt folgen.

In der gesamten Entwicklung unseres Universums offenbart sich das Bestreben zur Einhaltung dieser Balance. In den unbelebten Bereichen zeigt sich das Gleichgewicht zwischen Komplexität und Vielfalt unter anderem darin, dass es immer noch Wasserstoff und Helium gibt, „fossile Elemente" wie sie bereits kurze Zeit nach dem Urknall vorhanden waren. Die schweren Elemente wurden aufgebaut, ohne dass die „primitiven", leichten Strukturen verschwanden. Auch im lebendigen Teil der Welt sind einfach strukturierte Formen nicht ausgestorben, als sich komplexe Organismen entwickelten: Heute bevölkern nicht nur wir Menschen die Erde. Die Einzeller sind weiterhin ein wichtiger Bestandteil unserer Welt, sowie eine Vielzahl an Zwischenstufen bis hin zu den wahrhaft komplexen Lebensformen.

Struktur und Verwandlung bzw. Ordnung und „Chaos" sind zwei Seiten ein und derselben Medaille. Das Leben strebt nach Ordnung im Aufbau komplexer Erscheinungsformen und nach „Chaos" bzw. Verwandlung in seinen Experimenten auf dem Weg zu neuen, zum Teil noch komplexeren Strukturen. Die Komplexität scheint ein wesentliches Ziel des universellen Entwicklungsprozesses zu sein. Der Weg dorthin führt über die Generierung vielfältiger, zunächst nicht notwendiger Weise komplexer Formen. So wie der Zusammenschluss der Abgrenzung bedarf, setzt die Struktur, zumindest in ihrer Entstehung, Unordnung voraus. Auf der biologischen Ebene sind es genetische Mutationen, die einen großen Artenreichtum hervorgebracht haben. Sie können den individuellen komplexen Organismus sogar zerstören. Für den Fortbestand und die Weiterentwicklung des Lebens sind die fehlerbehafteten Kopien genetischer Codes allerdings eine wichtige Voraussetzung. „Chaos" und Verwandlung scheinen die Mittel zum Zweck zu sein, neue, häufig komplexe Strukturen hervorzubringen, denen es gelingt, sich an stets veränderte Bedingungen anzupassen.

Ich betrachte den oben erwähnten zweiten Hauptsatz der Thermodynamik nicht nur als einen physikalischen Erklärungsversuch, warum das Leben sein Bestreben nach Ordnung mit dem Zerfall seiner Umgebung und letztlich mit dem Zerfall der lebendigen Organismen bezahlen muss. Meiner Ansicht nach ist es der zweite Hauptsatz, der die Bewegung in das „Spiel" des Aufbaus und der Ausformung unseres Universums bringt: Die Umgebung eines komplexer werdenden Organismus *muss* sich verändern, weil der Ordnung das Chaos folgen *muss* ($\Delta S \geq 0$, S ist das Symbol für die Entropie). Dadurch werden neue Anforderungen an den Organismus gestellt, und dieser wird dazu gezwungen, sich anzupassen, um zumindest in seiner Art überleben zu können. Aufgrund des zweiten Hauptsatzes der Thermodynamik kommt die Evolution in Gang. Sie gehorcht seinem Gesetz, das aus der Komplexität die Vielfalt erwachsen lässt und so den Fortbestand des Lebens in der Welt sichert.

Da der zweite Hauptsatz der Thermodynamik das Wachstum an Komplexität und das Wachstum an Vielfalt miteinander verbindet, lässt sich ein weiterer bemerkenswerter Schluss daraus ziehen: An dieser Stelle wird deutlich, dass es nicht der Zufall ist, der hinter der Darwin´schen Theorie von Versuch und Irrtum steht. **Die Evolution folgt nicht dem Zufall. Versuch und Irrtum scheinen eine gezielte Methode zu sein, deren sich nicht zufällige, sondern bestimmbare Prozesse bedienen, um neue Formen zu entwickeln!**

Die Abweichung von der Regel, der „Fehler" im Erbgut, die bunte Fülle der materiellen und der lebendigen Welt gehorchen im weiteren Sinne einem physikalischen Gesetz. Unser Universum beschreitet diesen Weg völlig regelkonform. Der Zufall ist ein kreatives und alle Möglichkeiten umfassendes Werkzeug, dessen es sich dabei bedient.

Genauso wie sich die anderen hier zusammengetragenen Prozesse im menschlichen Erleben und Verhalten niederschlagen, so verhält es sich auch mit dem Streben nach Vielfalt. Wir haben zum Beispiel die Anlage, besonders beim Erleben neuer Eindrücke, Freude zu empfinden. Der nordamerikanische Professor für Psychiatrie und Verhaltensforschung Gregory Berns schrieb 2005 ein Buch mit dem Titel „Satisfaction – Warum uns nur Neues glücklich macht". Laut Berns lässt sich dieser Umstand anhand von Stoffwechselprozessen im Gehirn nachweisen. So sei die Ausschüttung von Dopamin – als Reaktion auf neue(!) Information – im Wesentlichen das, was ein befriedigendes Ereignis ausmache und unser Motivationssystem in Gang setze (vgl. Berns 2006, S. 32).

Wir sind „neu-gierige" Wesen und haben uns zu regelrechten Spezialisten im Umgang mit Neuem entwickelt. Im Vergleich zu anderen Säugetieren, ist unser Gehirn zum Zeitpunkt der

Geburt weit weniger gereift. Unsere Stärke liegt in einer großen Anpassungsfähigkeit, gerade weil wir noch nicht fertig und festgelegt sondern flexibel sind, nachdem wir die Welt bereits betreten haben. Im Gegensatz zu den meisten anderen Lebewesen gibt es uns deshalb beinahe überall. Wir besiedeln die Klimazonen vom Äquator bis zum Nordpol.

Auch in der psychosozialen Entwicklung des Menschen zeichnet sich ein Streben nach zunehmender Vielfalt ab. Das Kind, das während der Schwangerschaft mit der Mutter verwachsen ist, wächst zu einem eigenen und einzigartigen Menschen mit einer individuellen Persönlichkeit heran. Dieser geht vielfältige Beziehungen ein und nimmt an verschiedenen Systemen in unterschiedlichen Rollen teil. Obwohl er immer das Kind seiner Eltern bleibt, wird er zusätzlich Freund, Schüler, Kollege oder Mitglied einer neuen Familie.

Gerade die Auseinandersetzung mit unterschiedlichen Lebenssituationen und vielfältigen Beziehungsstrukturen trägt zur persönlichen Reifung des Menschen bei. Hier schließt sich der Kreis: Die Vielfalt an Eindrücken und erlernten Verhaltensweisen führt zu komplexen(!) Verknüpfungen in unserem Gehirn.

Verbundenheit und Veränderung, Entwicklung von Komplexität und Erzeugung von Vielfalt gründen in den fundamentalsten Säulen, auf denen unser Universum aufgebaut ist: dem Raum und der Zeit. Wir sind in diesen Rahmen eingebettet.

Wir leben in einer dynamischen Welt, die ihr Optimum noch nicht erreicht hat. Die Schöpfung ist noch nicht zu Ende und wird es vielleicht nie sein. Die äußere Welt besitzt in ihrer raumzeitlichen Verbundenheit das Potential der Veränderung. Sie experimentiert mit den Zutaten Zusammenschluss und Abgrenzung und erzeugt dadurch Ordnung, Unordnung, Komplexität und Vielfalt. Auf diese Weise generiert sie Individualität, Beziehung und letzten Endes unser subjektives Empfinden. Dabei wird nichts dem Zufall *überlassen*. Ein Prinzip der Zufälligkeit wird dazu *benutzt*, die Gesetzmäßigkeiten, die hinter unserer Welt stehen, erfolgreich umzusetzen.

Eine neue Welt

Obwohl ich Physik studierte, nahm ich unmittelbar nach meinen Abschlussprüfungen zunächst wieder davon Abstand. Die theoretische Auseinandersetzung mit den Naturgesetzen befriedigte meine Bedürfnisse nicht. Ich sehnte mich nach einer emotional und physisch erfahrbaren Nähe zur Welt, die mir in den Hörsälen und Laboren nicht zugänglich war. Ich wollte die Wärme der Sonne und die Kühle des Regens erleben. Ich wollte wieder spüren, wie es sich anfühlt, mit bloßen Füßen auf der Erde zu laufen und wie gut es tut, sich mit anderen Menschen auszutauschen. Gegen Ende meines Studiums wurde dieser Wunsch sehr groß. Ich wollte Abstand von einem Alltag nehmen, bei dem ich mich zwar in Sicherheit wog, der mich aber davon abhielt, tiefer in das Leben einzutauchen. Ich wollte mich vom Leben umspülen lassen, wie bei einem Sprung ins Wasser, und mich von meinen Gefühlen leiten lassen.

Nach zahlreichen schlaflosen Nächten beschloss ich, für eine längere Zeit meine Heimat zu verlassen und mich auf die Suche nach dem Teil der Schöpfung zu begeben, der erst in den lebendigen Kreationen erwacht. Ich machte mich auf die Suche nach neuen Erfahrungen, neuen emotionalen Inhalten, und glaubte diese in der Ferne zu finden, da ich mich dort leichter aus eingefahrenen Mustern befreien konnte.

Ich hatte von Entwicklungshilfeprojekten gehört. Mit dem Anliegen, mehr darüber zu erfahren, suchte ich den Pfarrer meines Heimatortes auf. Er konnte mir einen Orden nennen, der es jungen Menschen ermöglichte, für eine begrenzte Zeit in der Mission mitzuwirken. Ich schickte eine Bewerbung ab und kurz darauf durfte ich mich vorstellen. Meine Reise ging nach Südamerika, in eine für mich neue Welt.

Ich bekam die Gelegenheit, in einem brasilianischen Kinderdorf mitzuwirken, in dem ungefähr 50 Jungen im Alter von sieben bis achtzehn Jahren ein neues Zuhause gefunden hatten. Die Verhältnisse in den Ursprungsfamilien litten unter gravierenden Mängeln, so dass die Kinder nicht dort verbleiben konnten und zum Teil schon längere Zeit auf der Straße gelebt hatten.

Die Vielzahl an neuen Eindrücken und emotionalen Erlebnissen rund um das Kinderdorf führte dazu, dass mir die Zeit, die ich in Brasilien verbrachte, rückblickend viel länger erscheint als eine vergleichbar lange Zeit in meiner Heimat. Ich kann mich sehr gut an zahlreiche Erlebnisse erinnern. Manche aber haben sich besonders in meinem Gedächtnis verankert, wie auch die folgenden Ereignisse, die ich nicht unmittelbar in meine bisherigen Erfahrungen integrieren konnte.

Es war vielleicht sieben Uhr abends, und ich war gerade dabei, mir eine Mahlzeit zuzubereiten. Ich stand in der Küche meines kleinen Reihenhäuschens, das auf der einen Seite mit der Wohnung des Pfarrers und auf der anderen Seite mit der Krankenstation und – über einen überdachten Platz – mit dem Speisesaal, der Küche und der Wäscherei verbunden war. Es entlud sich ein starkes, tropisches Gewitter. Es donnerte ungewöhnlich laut und es regnete so heftig, dass der kleine Weg aus Lehm und Sand, der die Häuser miteinander verband, sich aufzulösen drohte. Da stand ein Junge aus dem Kinderdorf vor meiner Tür. Er rief mehrmals meinen Namen und bat mich, in den Speisesaal zu kommen. Ich unterbrach meine Tätigkeit und folgte ihm durch das heftige Gewitter. Im Speisesaal traf ich auf Geraldo, den Pfarrer und Begründer des Kinderdorfes, auf einige der Erzieher und auf die „Coordinatora", eine Frau, die sich um die organisatorischen Angelegenheiten im Kinderdorf kümmerte. Sie sagten, ein Unfall habe sich ereignet. Batista, einer der Gärtner, sei mit dem Fahrzeug des Kinderdorfes unterwegs gewesen und nun sei das Auto irgendwo im Graben gefunden worden. Es wurde jemand gebraucht, der einen Führerschein besaß, damit man sich auf die Suche nach Batista und dem Unfallwagen machen konnte. Geraldo konnte nicht weg. Da sonst niemand ein Fahrzeug lenken konnte, machte ich mich mit der Coordinatora und einem Erzieher auf den Weg. Wir fuhren zunächst nur bis zur Tankstelle im Ort. Dort stiegen wir in ein anderes Fahrzeug um. Der Besitzer der Tankstelle war der Ehemann der Coordinatora. Auch er besaß einen Führerschein und kannte sich zudem gut in der Gegend aus. Er übernahm das Steuer. Wir fuhren hinaus auf das Land. Es war stockdunkel. Da das Gewitter nachgelassen hatte, trafen wir in kleinen Ansiedlungen vermehrt auf Menschen. Der Mann der Coordinatora hielt immer wieder an und sprach mit den Menschen am Straßenrand. Es konnte uns tatsächlich jemand bei der Suche behilflich sein und so fanden wir schließlich das gesuchte Fahrzeug im Graben liegend vor. Von Batista war nichts zu sehen. Der Erzieher stieg aus und kümmerte sich um den Unfallwagen. Wir fuhren zurück.

In den nächsten Tagen erfuhr ich, was sich zugetragen hatte. Batista war ein schlauer Kerl, der sich gut im Leben zurecht fand. Er hatte nie viel Zeit in einer Schule verbracht, war aber ein Meister darin, sich die Dinge zu beschaffen, die er gerade brauchte. An den Wochenenden war ich des Öfteren mit ihm in den Hügeln rund um das Kinderdorf unterwegs gewesen. Ich liebte die tropischen Früchte und Batista hatte ein Talent, sie *aufzustöbern. Bananen zum Beispiel roch er auf eine Entfernung von mehr als hundert Metern.*

An jenem Tag bekam Batista den Auftrag, einen jungen Mann mit dem Namen Cicero von einem mir unbekannten Ort abzuholen und nach Hause zu bringen. Cicero war der erste Junge gewesen, der von Geraldo aufgenommen wurde. In Geraldos Augen war er der eigentliche Gründer des Dorfes. Seiner Art entsprechend wollte Batista die Gelegenheit, ein Fahrzeug zur Verfügung zu haben, für sich nutzen, und die beiden jungen Männer besorgten sich Drogen.

Von Cicero fehlte zunächst jede Spur. Ein paar Tage später erreichte uns eine schlimme Nachricht. Cicero kam in einer etwa 100 km vom Kinderdorf entfernten größeren Stadt ums Leben. Er hatte versucht, eine Handtasche zu stehlen und wurde auf der Flucht von einem Polizisten erschossen.

Cicero wurde auf dem überdachten Platz neben dem Speisesaal aufgebahrt. Um seinen Sarg herum spielten die Kinder mit einem Ball. Der Tod stand in diesem Land viel näher am Leben der Menschen, als ich es aus meiner Heimat kannte. Für Geraldo war Ciceros Tod trotzdem ein sehr schlimmes Ereignis. Der junge Mann hatte eine symbolträchtige Rolle im Lebenswerk des Pfarrers gespielt und war so zu einem Markstein in dessen Gefühlswelt geworden.

Bisher habe ich mich mit Rahmenbedingungen und äußeren Gesetzen beschäftigt, in die wir hineingeboren wurden und die wir in uns integriert haben. Sie begleiten uns und geben uns eine Richtung vor, in der sich das Leben von Generation zu Generation weiterentwickelt. Sie stehen bereits hinter dem unbelebten Teil der Welt und setzen sich im Aufbau sowie im Erleben und Verhalten lebendiger Organismen fort.

Wenn ich den Blick nach innen richte und das menschliche Erleben betrachte, wird eine weitere Rahmenbedingung sichtbar, deren Ursprung im Spannungsfeld zwischen den komplexen Beziehungsstrukturen und den vielfältigen individuellen Erscheinungsformen liegt, die aus unserer Welt hervorgehen. Es ist die Existenz der Gefühle.

Gefühle bestimmen unser Erleben und Verhalten. Auch wenn wir die Fähigkeit besitzen, über das Erlebte nachzudenken, und wir dazu in der Lage sind, unser Verhalten zu planen, so sind es doch unsere Gefühle, von denen wir uns grundsätzlich leiten lassen. Selbst wenn wir eine scheinbar verkopfte Entscheidung treffen, so haben wir in der Regel vorher in einer emotionalen Situation gelernt, dass wir bei der nächsten Entscheidung auch unseren Verstand benutzen sollten. Wir lernen viel schneller, wenn Gefühle mit im Spiel sind:

Damit neue Verknüpfungen zwischen unseren Gehirnzellen entstehen, wir also im weiteren Sinne lernen, müssen die Informationen, die zur Reizung bestimmter Nervenzellen geführt haben, an andere Nervenzellen weiter geleitet werden. Überschreitet die Erregung einer Nervenzelle einen Schwellenwert – man spricht von der Erreichung eines sogenannten Aktionspotentials – wird ein elektrischer Impuls ausgelöst und durch das Axon der Zelle hindurch zu den Verbindungsstellen mit denjenigen Zellen transportiert, mit denen kommuniziert werden soll. Ist der Impuls dort angekommen, wird der Reiz auf elektrischem, meist aber auf chemischem Weg dorthin übertragen. (Vgl. Schandry 2006, S. 60, 70 f.) Durch eine stetige Wiederholung dieses Vorgangs, kommt es schließlich zum Aufbau neuer Verknüpfungen, wodurch die zukünftige Reizübertragung zwischen den interagierenden Nervenzellen erleichtert wird. Wir haben etwas dazu gelernt.

Zwar sind wir in der Lage den Ausbau der Verknüpfungen zwischen unseren Gehirnzellen bewusst hervorzurufen, indem wir uns beispielsweise einen Sachverhalt immer wieder vor Augen führen und damit wiederholt dieselben Zellen zur Auslösung entsprechender Nervenimpulse veranlassen. Haben wir dabei keine besonderen Gefühle, sind wir also emotional nicht besonders davon betroffen, werden unsere Nervenzellen allerdings nur über eine kurze Zeit hinweg zur Generierung von Impulsen angeregt. Der Vorgang ist in diesem Fall nur wenig effektiv, weil die ankommenden Reize entsprechend selten weitergeleitet werden. Handelt es sich dagegen um eine emotionale Angelegenheit – haben wir zum Beispiel Angst oder freuen wir uns über ein Ereignis – kommt es zu einer bedeutend länger andauernden, das heißt weitaus häufigeren, und auch intensiveren Reizung, wodurch sich die Zahl der biologischen Aktivitäten zum Aufbau neuer Verknüpfungen geradezu potenziert. Deshalb kommt es in unseren Gehirnen vor allem dann zu neuen Verknüpfungen, wenn wir fühlen. Bei sehr starken Gefühlen lernen wir am nachhaltigsten, wie es uns traumatische Erlebnisse zeigen.

Auch wenn es schon lange zurückliegt, erinnere ich mich in vielen Einzelheiten an einen Verkehrsunfall, bei dem ich im Winter von der Fahrbahn abkam und im Graben landete. Es war Freitagabend und ich wollte von meinem Studienort nach Hause fahren, um dort das Wochenende zu verbringen. Es war bereits dunkel. Die Temperatur betrug etwa drei Grad Celsius und es regnete leicht. Ich hatte eine Elvis-Cassette ins Autoradio gelegt, da mich diese Musik in eine angenehme Stimmung versetzte. Ein paar Kilometer von meiner Unfallstelle entfernt verspürte ich ein leichtes Schlingern, dem ich leider zu wenig Bedeutung zumaß. Auch hätte mir auffallen müssen, dass die wenigen Fahrzeuge, die mir begegneten, relativ langsam unterwegs waren. Am Ende eines Waldstücks passierte es schließlich: In einer leichten Rechtskurve brach mein Wagen aus. Ich kam zunächst auf die linke Fahrbahnhälfte, lenkte dagegen und steuerte auf die rechte Fahrbahnhälfte zurück. Dann ging es noch einmal nach links und schließlich rechter Hand in den Graben. Mein Wagen überschlug sich zweimal. Ich nahm meinen Kopf zwischen meine Ellbogen und schützte mit den Händen meinen Nacken. Mein Fahrzeug, oder was davon übrig war, blieb richtig herum liegen. Ich versuchte so schnell wie möglich heraus zu kommen – ohne meine Elvis-Cassette zu vergessen. Ich setzte mich in eine Wiese. Kurz darauf kamen Menschen auf mich zu, die angehalten hatten, um mir zu helfen.

Was ich am Tag vor oder am Tag nach diesem Ereignis gemacht habe, davon habe ich nicht mehr die leiseste Ahnung. Es war wohl nicht annähernd so emotional wie der Moment des Unfalls.

Alle Menschen sind mit dem gleichen Satz an <u>Gefühlen</u> ausgestattet und unterliegen deshalb derselben Rahmenbedingung. Wir kennen die Freude, die Wut, den Ekel, die Furcht, die Traurigkeit, den Ärger, die Scham und die Überraschung. Je nach Autor wird diese oder eine etwas abgewandelte Zusammenstellung der hier genannten Gefühle zu den sogenannten Grundgefühlen bzw. Basisemotionen gezählt. Mit ihnen lässt sich unser Empfinden beschreiben. Welche Emotionen auch immer genannt werden, wir kennen sie alle, egal, wo wir leben, in welchem Land, in welcher Kultur, egal wie alt wir sind und in welcher familiären

Situation wir uns befinden. Wir sind diesbezüglich alle gleich. Zwar empfindet jeder Mensch ein und dieselbe Situation individuell verschieden, aber er erlebt sie mit einem oder mehreren dieser Gefühle, die bei jedem von uns angelegt sind. Ich leide beispielsweise an Höhenangst. Wenn ich auf einer hohen Leiter stehe, erfüllt mich das mit der Angst, hinunter zu fallen. Ein anderer wird sich vielleicht über die schöne Aussicht freuen. Aber auch ich kenne das Gefühl der Freude und jeder andere kennt auch das Gefühl der Angst.

Nun haben sich auch unsere Gefühle innerhalb der in unsere Welt vorherrschenden Rahmenbedingungen und Gesetzmäßigkeiten entwickelt. Der Ursprung unserer Gefühle lässt sich daran festmachen, dass der Aufbau von Komplexität und somit von Struktur und Ordnung ein wesentliches Ziel in der Entwicklung unseres Universums ist. Ein Strukturverlust ist aus individueller Sicht gleichbedeutend mit einem Schritt zurück, weshalb er uns widerstrebt. Andererseits verlangt die sich stets verändernde Welt von jedem Lebewesen die Fähigkeit, sich unentwegt an neue Bedingungen anzupassen. Der Verlust von Ordnung, Struktur und Komplexität muss sich um der Vielfalt Willen ereignen. In diesem Spannungsfeld liegt der Ursprung unserer grundlegenden Triebe: der Selbst- und der Arterhaltung. Dabei scheint die Weitergabe der eigenen Gene, das heißt die Erhaltung der eigenen Art, das primäre Ziel des Lebens zu sein. Manche Tiere, wie zum Beispiel die Lachse, sterben bereits kurz nachdem sie ihre Nachkommen in die Welt gesetzt haben. Während das Bestreben, die eigene Art zu erhalten, die Voraussetzung dafür ist, dass das Leben auf unserer Erde bestehen bleibt, ist der individuelle Tod eine wichtige Voraussetzung dafür, dass das Leben dynamisch bleibt und sich an die stetigen Veränderungen im Lebensraum anpassen kann.

In den Bestrebungen der Selbst- und der Arterhaltung begründen sich unsere Gefühle, weshalb sich das Erleben und Verhalten des Menschen auf diese grundlegenden „Triebe" reduzieren lässt. Weil wir als Individuum und als Art überleben wollen, bewerten wir, was wir erleben. Wir teilen unsere Welt ein, in Geschehnisse, die uns nützen, und Geschehnisse, die uns schaden. Es ist genau das Ergebnis dieser Bewertung, das uns durch unsere Gefühle signalisiert wird.

Unsere Gedanken spielen dabei eine untergeordnete Rolle. Unser Gefühl vermittelt uns sofort, wie wir eine Situation einzuschätzen haben, um möglichst erfolgreich aus ihr hervorzugehen. Wenn wir zum Beispiel Angst haben, gibt uns unser Organismus die Möglichkeiten vor, zu flüchten, zu kämpfen oder zu erstarren. Das Gefühl der Scham veranlasst uns, den Kontakt mit der Gemeinschaft zu meiden, um uns vor den Reaktionen der Anderen auf unser Fehlverhalten zu bewahren. Vielleicht hält es uns in Zukunft sogar davon ab, uns noch einmal so zu verhalten, wie es in unserer Gemeinschaft nicht geduldet wurde. Unser Gefühl zeigt uns Wege auf, wie wir unser Leben meistern können. So gesehen dürfte es für uns nicht schwierig sein, uns so zu verhalten, wie es unserem eigenen Vorteil entspricht.

Allerdings fallen wir an dieser Stelle aus dem „Paradies". Man kann sagen, dass sich hier die Tür befindet, durch die das Leid in das Leben der Menschen tritt. Im Alten Testament spricht man vom sogenannten Sündenfall. Als Adam und Eva die verbotenen Äpfel aßen, habe sie Gott aus dem Paradies verstoßen. Sie hätten vom Baum der Erkenntnis gegessen und hätten so gelernt, zwischen „Gut" und „Böse" zu unterscheiden.

Gutes nützt und Böses schadet. Auf der Grundlage dieser einfachen Überlegung treffen wir täglich unsere Entscheidungen. Dass diese Unterscheidungs- und somit Entscheidungsfähigkeit die Ursache vielen Leides ist, liegt daran, dass wir Wünsche und Sehnsüchte entwickeln, sobald wir anfangen, unsere Umwelt zu analysieren und zu bewerten (vgl. auch mit der Heilslehre im Buddhismus). Wir beurteilen nicht nur lebensbejahende und lebensbedrohende Situationen, sondern generalisieren unser Unterscheidungsvermögen bis hin zu alltäglichen und sogar unnützen Fragenstellungen. Wir werden mit einem großen Fernseher nicht glücklicher werden als mit einem kleinen, und wir können mit einem grünen Auto genauso gut leben wie mit einem roten. Wenn wir die Dinge so nehmen könnten, wie sie sind, ohne sie als „gut" oder „schlecht" einzustufen, würden wir uns nichts anderes wünschen. Wir wären zufriedener mit dem, was wir haben, und mit dem, wie es ist. Wenn wir zum Beispiel an einem schwülwarmen Tag im Sommer sagen könnten: „Es ist heiß", ohne darüber nachzudenken, wie wir uns eine Abkühlung verschaffen, würde es uns besser gelingen, im „Hier und Jetzt" zu leben. Wir würden nicht den möglichen Veränderungen hinterher laufen, wir hätten nicht das ständige Bedürfnis zu konsumieren und könnten uns aus dem Hamsterrad befreien, in dem wir tagtäglich unsere Runden drehen.

Der römische Kaiser Mark Aurel, einer der letzten bedeutenden Stoiker, hinterließ in seinen „Selbstbetrachtungen" die Aussage: „Alles ist wie durch ein heiliges Band miteinander verflochten. Nahezu nichts ist sich fremd. Alles Geschaffene ist einander beigeordnet und zielt auf die Harmonie derselben Welt. Aus allem zusammengesetzt ist eine Welt vorhanden, ein Gott, alles durchdringend, ein

Körperstoff, ein Gesetz, eine Vernunft, allen vernünftigen Wesen gemein, und eine Wahrheit, so wie es auch eine Vollkommenheit für all diese verwandten, derselben Vernunft teilhaftigen Wesen gibt." Mark Aurel spricht von der „einen" Welt. Diese bedarf keiner Zerstückelung in unterschiedlich zu bewertende Bestandteile. Er betont die Verbundenheit, deren Beachtung ein Unterscheiden geradezu verbietet.

Da aber die Unterscheidung zwischen „Gut" und „Böse" nicht nur eine unserer Fähigkeiten ist, sondern auch eine unabdingbare Notwendigkeit für unser Überleben, und da wir gleichzeitig unser Unterscheidungsvermögen nahezu ungebremst generalisieren, ist eine gewisse Unzufriedenheit beziehungsweise ein zumindest zeitweiliges „Getrieben-Sein" untrennbar mit dem Menschen verbunden. Es mag ernüchternd klingen, aber hier wird deutlich, dass ein Zustand ohne entsprechende „leidvolle" Erfahrungen per se nur vorübergehend existieren kann. So ist es in uns angelegt. Alles andere würde unserem Erhaltungstrieb, sprich dem Prinzip des Aufbaus von Struktur und Ordnung und somit der Zunahme an Komplexität – einem wesentlichen Entwicklungsprozess in unserem Universum – widersprechen.

Gefühle signalisieren uns, ob uns etwas nützt oder schadet. Welches Gefühl wir empfinden, hängt mit unseren früheren Erfahrungen zusammen. Nach dem oben erwähnten Unfall, bei dem ich bei winterlichen Verhältnissen von der Fahrbahn abkam, kostete es mich zwei Jahre lang eine große Überwindung, mich ans Steuer zu setzen, sobald es auch nur ein wenig schneite. Die Angst, die ich dabei empfand, kannte ich vorher nicht. Und jetzt, nachdem ich wieder einige Winter unversehrt durch den Straßenverkehr gekommen bin, ist diese Angst beinahe erloschen.

So ist jede neue Erfahrung an Gefühle gekoppelt, die sich aus der durchschnittlichen Bewertung der bisherigen Erlebnisse ergeben. Gefühle sind so etwas, wie der konzentrierte Ausdruck unserer Erfahrung. In Sekundenschnelle sind wir mit ihrer Hilfe fähig, selbst neue Situationen bestmöglich einzuschätzen.

Einer der bedeutendsten Psychotherapeuten der Gegenwart, Irvin D. Yalom, hat eine Therapieform entwickelt, die Schwierigkeiten im Erleben und Verhalten auf verschiedene Grundängste zurückführt. Yalom gab ihr den Namen „Existenzielle Psychotherapie".

Ihr zufolge lassen sich Schwierigkeiten im Erleben und Verhalten auf den Konflikt zurückführen, der aus der Konfrontation des Individuums mit den Gegebenheiten seines Daseins hervorgehe. Wir finden also auch bei Yalom Rahmenbedingungen für unsere menschliche Existenz. Der Psychotherapeut konzentriert seine Betrachtung allerdings auf die innerseelischen Schwierigkeiten, in die wir möglicherweise geraten, wenn wir uns mit diesen Gegebenheiten auseinandersetzen.

Yalom hat die Gedanken Freuds zur Psychoanalyse aufgegriffen und weiterentwickelt. Während es in der Psychoanalyse Triebe sind, die hinter unserem Erleben und Verhalten stehen, sind es bei Yalom vier grundlegende Ängste, die aus der Auseinandersetzung des Menschen mit den Rahmenbedingungen seiner Existenz hervorgehen. Ihm zufolge würden wir dazu neigen, die Ursachen dieser Ängste zu verdrängen. In Analogie zu Freud erscheinen aber auch sie – wie alles, was wir verdrängen – in verkleideter Form erneut in unserem Bewusstsein. Aufgrund ihrer Verkleidung verstehen wir nicht mehr, was uns wirklich bedrückt und finden deshalb keine geeigneten Lösungswege.

Die zentrale Angst sei die Angst vor dem Tod. Weiterhin würden uns die Freiheit, die Isolation und die Schwierigkeit, dem Leben einen Sinn abzuringen, verängstigen. Wenn Yalom von Freiheit spricht, meint er, dass wir die völlige Verantwortung für unser Leben übernehmen müssten. Es gäbe keinen „festen Boden" unter unseren Füßen. Anstelle eines festen Regelwerks, eines Gerüsts, das uns stützt, gäbe es nur die Leere bzw. den Abgrund. Wenn Yalom den Begriff der Isolation verwendet, geht er davon aus, dass wir letztendlich allein auf der Welt sind. Niemand kann uns an den entscheidenden Punkten unseres Lebens begleiten. Wir würden unsere Existenz allein betreten und allein von ihr scheiden (vgl. Yalom 2010, S. 20 ff.).

Yalom vertritt die Ansicht, es gäbe keinen festen Boden unter unseren Füßen. Zu den grundsätzlichen Gegebenheiten unseres Daseins zählt er den Tod, die Leere, die Isolation und die Sinnlosigkeit. Sie geben uns keinen Halt, sondern verunsichern uns zutiefst. Im Gegensatz zu Yalom, glaube ich durchaus an die Existenz eines festen Regelwerks, in dem wir uns sicher fühlen dürfen: die Rahmenbedingungen und Prinzipien, die zum Gegenstand dieses Buches geworden sind. Sie sind der Boden unter unseren Füßen, verlässliche Eigenschaften unserer Welt, auf die wir auch vertrauen können.

Meiner Meinung nach begründen sich unsere Ängste, in der *Rahmenbedingung der Veränderung*. Die Gegebenheit, dass unsere Welt sich stets verändert und nach Vielfalt strebt, verlangt von uns eine stetige Anpassungsbereitschaft und eine andauernde Konfrontation mit dem Unbekannten einschließlich unserer Geburt und unserem Tod. Sie verlangt von uns, dass wir zwar miteinander leben, letztendlich aber „einsame" Individuen bleiben, weil wir getrennt voneinander existieren, so wie alles im Universum der Abgrenzung bedarf, um als eine in sich geschlossene Einheit existieren zu können. Allerdings könnte uns ein Perspektivenwechsel, im Sinne einer positiven Identifizierung mit der Welt, dabei helfen, unsere Ängste zu reduzieren. Der Abgrund, die Leere und die Isolation werden nur dann unsere Gefühlswelt dominieren, wenn wir ausschließlich die Rahmenbedingung der Veränderung und somit die Welt aus einem einge-schränkten Blickwinkel heraus betrachten. Die Veränderung bleibt jedoch für alle Zeiten an die Rahmenbedingung der Verbundenheit gekoppelt. Zwar wissen wir nur wenig über die Art und Weise unseres Erlebens, wenn wir mit dem Unbekannten konfrontiert werden, doch wir dürfen selbst an den Eckpunkten unserer Existenz darauf vertrauen, ein Teil dieser Welt zu bleiben. Die Gegebenheiten unserer Existenz, die uns Halt und Orientierung geben, sollten uns nicht mit Angst erfüllen. Es gibt keine Leere und keinen Abgrund, denn wir sind den Gesetzen unserer Welt nicht ausgeliefert. Vielmehr haben wir einen Anteil daran und erfüllen sie mit Leben.

Letztendlich lassen sich die Ängste vor dem Tod, vor der Freiheit oder vor der Isolation auf unsere Triebe der Selbst- und der Arterhaltung zurückführen. Diese stellen sich dem Zerfall lebendiger Struktur entgegen. Die Angst vor dem Tod soll uns selbstverständlich dabei helfen, alles dafür zu tun, unser eigenes Leben zu erhalten und somit auch ein Leben für unsere Nachkommen zu ermöglichen. Die Ängste vor der Freiheit und der Isolation entspringen dem Empfinden, dass wir uns bei diesem Unterfangen in der Gemeinschaft mit anderen sicherer fühlen. Einer besonderen Auseinandersetzung bedarf allerdings die Frage nach dem Sinn im Leben.

Die Metagesetze, nach denen sich unser Universum entwickelt, gelten für jeden Stein und jede Pflanze, genauso wie auch für uns Menschen. Vor diesem Hintergrund haben wir uns zu den Wesen entwickelt, die wir heute sind. Da das Leben von einer unaufhörlichen Veränderung gekennzeichnet ist, weil die Welt nicht ein für alle Mal so bleibt wie sie ist, mussten wir lernen, unsere Umgebung laufend zu bewerten und entwickelten so eine Welt der Gefühle. Als lebendige Wesen bekamen wir erstmals die Gelegenheit dazu. Die Welt der Gefühle zeigt uns, wie wir uns verhalten müssen, damit wir selbst oder unsere Art am Leben bleibt. Es ist eine neue Welt, in der es eine zusätzliche Rahmenbedingung gibt: unsere angeborenen Basisemotionen, vor denen sich unser Leben abspielt.

II. Erste Konsequenzen

Der Sinn des Lebens

„Wenn im Osten die Bäume und Sträucher der umliegenden Gärten, der Waldrand am Horizont und die einzelnen vom Balkon aus sichtbaren Häuser von der tief stehenden Sonne beschienen wurden, sich aber von Südwesten her eine dunkle Gewitterfront heran schob, sah es aus, als ob das gelbrote Licht von unten käme und der Himmel dabei wäre, eine Decke darüber auszubreiten. In manchen Augenblicken, in denen am Boden noch alles friedlich und unvorbereitet schien, die Vögel und Insekten sich noch nicht um das bevorstehende Unwetter kümmerten, aber bereits ein Donnergrollen in der Ferne zu hören war, verspürte ich ein Bündnis mit der Natur und ihrer Macht.“ (aus meinen Notizen)

Über den Sinn des Lebens ist bereits viel diskutiert worden. Auch mein Aufenthalt in Brasilien wurde dadurch angetrieben, dass ich die Sinnhaftigkeit meiner bisherigen Lebensführung hinterfragte. Ich wollte intensiver als zuvor am Leben teilhaben. Diese Teilhabe erfüllte mich weit mehr als die Anhäufung theoretischen Wissens über die Welt.

Ich hatte in Brasilien das Gefühl, den für mich richtigen Weg eingeschlagen zu haben. Deshalb beschloss ich, nach ein paar Jahren beruflicher Tätigkeit in der Physik, meinen Beruf zu wechseln. Ich absolvierte ein zweites Studium und arbeite heute als Familientherapeut an einer Beratungsstelle. Dort darf ich viele Menschen ein Stück ihres Weges begleiten. Dabei mache ich nichts anderes, als mit meinen Klienten auf innerweltliche Reisen zu gehen. Wir durchstreifen verschiedene Zeiten, vom Beginn ihres Lebens bis in die Gegenwart. Wir ziehen sogar die Zeit vor ihrer Existenz in Betracht, um über die Welt zu sprechen, in die sie hineingeboren wurden. Ich mache mich mit ihnen auf den Weg durch die Welt der Gefühle und wir durchwandern die Höhen und Tiefen ihres Lebens.

Manchmal fühlt es sich an, als müssten sich meine Klienten durch dichtes Gestrüpp zwängen. In diesen Phasen dauert es lange, um auch nur ein wenig voran zu kommen. Oft ist es notwendig, dass sie einen Sprung ins kalte Wasser wagen und sich freischwimmen, indem sie sich von alten Ängsten lossagen. Doch es gibt auch Momente, in denen sich eine weite Ebene auftut. Dann sind meine Klienten dazu aufgefordert, sich für einen der vielen möglichen Wege zu entscheiden. Letztendlich führen sie ja alle durch das weite Land des Lebens. Der nordamerikanische Sänger Don McLean komponierte Anfang der 70er Jahre einen Song mit dem Titel „Crossroads". Darin heißt es: „So there's no need for turning back, 'cause all roads lead to where I stand. And I believe I'll walk them all, no matter what I may have planned."

Im Laufe der Beratungsprozesse stellt sich auch meinen Klienten häufig die Frage nach dem Sinn des Lebens. Gerade die Zeiten, in denen größere Schwierigkeiten unsere Lebensfreude schmälern, lassen uns manchmal an einer Sinnhaftigkeit des Lebens zweifeln.

Bei der Frage nach dem Sinn des Lebens handelt es sich um eine der grundlegendsten Fragen unseres Daseins. Aus naturwissenschaftlicher Sicht ist es meines Wissens niemandem gelungen, dem Leben einen übergeordneten oder einen ihm von Natur aus innewohnenden Sinn zuzuschreiben. Zumindest ist dies der Fall, wenn man davon ausgeht, dass das Leben mit dem Tod endet. Wenn unser Bewusstsein mit unserem Tod erlischt, hört auch unser „Ich" auf zu existieren, weil es im Bewusstsein verankert ist. Für unser „Ich" kann deshalb nichts von Bedeutung sein, das über die eigene Lebensspanne hinausreicht. So gesehen wäre unser Leben nichts weiter als eine kurze, vom weiteren zeitlichen Verlauf unabhängige Episode. Es wäre so ähnlich wie die Vorstellung, dass wir einen Urlaub antreten dürften, sogar das dafür nötige Geld bekämen, unter der Voraussetzung, den Urlaub zu vergessen, sobald wir wieder Zuhause sein würden. Und noch mehr: Wir würden uns nach dem Urlaub nicht erholter fühlen und hätten nichts dazu gelernt. So mancher würde unter diesen Voraussetzungen wohl gar nicht verreisen. Wenn das Erlebte sofort wieder aus dem Bewusstsein verschwinden würde, könnte es sogar sinnlos erscheinen, überhaupt etwas zu erleben.

Wir werden den Sinn des Lebens nicht finden, wenn wir ihn an unserem Bewusstsein festmachen. Wir sollten unsere Suche woanders beginnen.

Stellen wir uns einen einfachen Gegenstand vor, zum Beispiel eine mechanische Feder. Sie ist nichts weiter als ein gebogenes Stück Metall. Wenn ich mich mit dem Sinn eines gebogenen Stücks Metall beschäftige, finde ich zunächst nichts Besonderes an ihm. Versuche ich dem Gegenstand trotzdem einen Sinn zuzuschreiben, stellt sich für mich als erstes die Frage, um welche Feder es sich denn handle, das heißt wozu sie gehöre. Ist es eine Feder, die ein Uhrwerk antreibt? Ist es eine Feder, an der die Achse eines Fahrzeugs aufgehängt ist? Der Sinn der Feder erschließt sich aus dem Platz, für den sie erdacht wurde, aus ihrem Zusammenhang, ihrer Beziehung zur Umgebung und im weiteren Sinne zum

Rest der Welt. Wenn das ganze Universum ausschließlich aus einer einzigen Feder bestehen würde, und sie somit in keiner Weise auf etwas anderes bezogen wäre, könnten wir ihren Sinn nicht erschließen. Sie wäre gottgleich einfach da. Wollten wir mit der Sinnsuche trotzdem fortfahren, müssten wir etwas erfinden, um das „Federuniversum" doch noch in eine Beziehung zu etwas setzen zu können, zum Beispiel ein paralleles Universum.

Auch den Sinn unserer menschlichen Existenz können wir nur ergründen, wenn wir uns in der Beziehung zu unserer Umgebung – dem „Großen Ganzen" – betrachten. Wir können uns die Frage stellen, welchen Platz unsere Existenz innerhalb der gesamten Schöpfung hat. Die Antworten darauf können unser Leben mit Sinn erfüllen. Verleugnen wir dagegen unsere Verbundenheit mit der Welt, indem wir uns als Mensch oder als Individuum aus dem Beziehungsgeflecht herausheben, uns vielleicht sogar als „Krone der Schöpfung" betrachten, isolieren wir uns in unserem fantasierten eigenen Universum und werden deshalb so wenig Sinn in unserer menschlichen Existenz erkennen, wie im „Federuniversum". Der Sinn ergibt sich aus den Beziehungen, die zwischen den Teilen des „Großen Ganzen" bestehen, aus den Beziehungen der Dinge zu ihrer Umgebung.

Dabei schließt sich der Kreis zu den grundsätzlichen Rahmenbedingungen und Prinzipien in unserer Welt. Eine Beziehung setzt mindestens zwei voneinander abgrenzbare Strukturen voraus, die trotz ihrer scheinbaren Eigenständigkeit miteinander verbunden bleiben. Nichts kann in eine Beziehung mit sich selbst treten. Unser Universum schafft durch seine Gestalt und die ihm zu Grunde liegenden Gesetze die Möglichkeit vieler Beziehungen: Die Auflösung der Einheit im entstehenden Raum, die dadurch möglich gewordene Abgrenzung und die sich wiederum daraus entwickelnden separierten individuellen Zusammenschlüsse sind grundsätzlich in unsere Welt eingeschrieben.

Da alles einen gemeinsamen Ausgangspunkt hatte und, wie Isaac Newton vor langer Zeit feststellte, jede Kraft eine entsprechende Gegenkraft hervorruft, jeder Aktion also eine gleichwertige Reaktion folgt, wirken alle individuelle Einheiten aufeinander, und es ergibt sich die absolute Notwendigkeit vielfältiger Beziehungen. Der Ansatz, den Sinn des Lebens in Beziehungen zu suchen, entspringt deshalb keinem gedanklichen Konstrukt, sondern den Grundfesten unserer Welt. Die Beziehung ist die Brücke zwischen den beiden Rahmenbedingungen, der Verbundenheit und der Veränderung.

Weil die ganze Schöpfung auf Bezogenheit hin ausgerichtet ist und jeder Bestandteil unserer Welt gar nicht anders kann, als in vielfältige Beziehungen zu treten, ergibt sich daraus der Sinn der Geschöpfe in ganz natürlicher Weise. Dieses Wissen ist tief in uns verwurzelt. So wird beispielsweise im Christentum Gott als eine Form der Beziehung beschrieben: die Beziehung zwischen dem Vater, dem Sohn und dem Heiligem Geist. Auch in der modernen Physik spielt bei der Beschreibung der materiellen Welt der Beziehungsgedanke eine zunehmende Rolle. So hat man in den mikroskopischen Bereichen, dem Gegenstand der Quantenphysik, festgestellt, dass sich sogar die Abläufe in der unbelebten Natur verändern, wenn sie beobachtet werden, das heißt wenn etwas mit ihnen in Beziehung tritt. Dabei spielt es keine Rolle, ob der Beobachter ein lebendiges Wesen oder nur ein „Ding" ist, wie zum Beispiel eine Messapparatur.

Überlegungen nach dem Warum und Wozu bringen uns also nicht viel weiter, wenn wir nach dem Sinn des Lebens fragen. Unser Leben verfolgt abseits des Beziehungsgedankens keinen zusätzlichen Zweck. Ein Vergleich mit einer liebevollen Partnerschaft macht deutlich, dass eine Beziehung gut ist, allein weil sie existiert. Sie trägt ihre Sinnhaftigkeit in sich selbst. Sie brauchen Ihren Partner nicht zu fragen, warum Sie von ihm geliebt werden. Sie können ihn nur fragen, ob er es tut. Und wenn er diese Frage mit einem „Ja" beantwortet, dann tut er es einfach. In schmerzlicher Weise erleben wir die „Zweckfreiheit" einer guten Beziehung sehr eindrucksvoll, wenn es zu einer Trennung kommt. Vielleicht gab es Eigenschaften an dem geliebten Menschen, die wir besonders schätzten. Doch selbst, wenn wir wieder auf einen Menschen mit ähnlichen Eigenschaften treffen, wird seine Anwesenheit unseren Verlust nicht ausgleichen können.

Der Vergleich mit der Feder zeigt, dass der Zweck etwas sehr Spezielles ist und zudem nicht aus dem Gegenstand der Betrachtung selbst hervorgeht, sondern von der Umgebung, dem Kontext, auferlegt wird. Deshalb kann er sich auch stets verändern. Den Sinn einer Existenz mit einem speziellen Nutzen gleichzusetzen, würde zu einer starken Reduzierung ihrer Wertigkeit und Bedeutung führen. Genauso wie ein Baum, ein Fels oder ein Grashalm benötigt unsere menschliche Existenz keinen Zweck, um ihr Dasein in der Welt zu rechtfertigen. Wir brauchen vielmehr das Wissen um unseren Platz, die Nische, die uns zugeteilt wurde, in deren Grenzen wir frei handeln und mit unserer Umgebung wechselwirken dürfen. Wir brauchen das Wissen bzw. das Gespür für die Beziehungen, in denen wir stehen.

Integrieren wir die Rahmenbedingungen und Prinzipien der Welt in unser Erleben und Verhalten, so kann es uns gelingen ein sinnerfülltes Leben zu führen. Dann leisten wir einen Beitrag zur biologischen Evolution, der es zulassen wird, dass unsere Nachkommen am weiteren Entwicklungsprozess der Welt teilhaben dürfen. So wie der Homo Erectus vor zwei Millionen Jahren den Weg für unsere Art gebahnt hat, werden wir das Leben zukünftiger menschlicher Generationen ermöglichen. Genauso leisten wir auch einen Beitrag zur kulturellen Evolution, mit deren Hilfe lebenspraktische Verhaltensweisen weitergegeben und verfeinert werden, die es unseren Nachkommen erleichtern werden, sich in ihrem Umfeld zurechtzufinden.

Wir stehen in einer Beziehung zu unserer gegenwärtigen Welt und sind mit ihrer Vergangenheit und Zukunft verwoben. Die wohl nur scheinbar offensichtliche und deshalb zu wenig beachtete Erkenntnis ist, dass wir ein Teil des „Großen Ganzen" sind. Da wir mit unserem Universum verwoben sind, hat es mit uns zu tun, so wie wir mit ihm zu tun haben. Die Welt ist nicht dort, wenn wir hier sind. Der „Rest der Welt" und wir gehören zusammen – als menschliches Individuum, als das, was nach unserem Tod von uns übrig bleibt bzw. als das, was später einmal daraus wird. Wenn wir diese Verbundenheit in unserem Innersten erspüren, uns der mannigfaltigen Bezogenheit bewusst werden, und wenn es uns gelingt, uns mit diesem Gedanken zu identifizieren, so können wir Trost finden. Denn im „Großen (und) Ganzen" sterben wir nicht.

Die ersten Schritte

Im Sommer 2015 konnte ich mit meiner Frau und dem älteren meiner beiden Söhne ein paar Wochen bei den Yanomami-Indianern im brasilianischen Amazonasgebiet verbringen. Sie leben weit ab von den modernen Städten und haben deshalb ihre Jahrtausende alte Lebensweise zu großen Teilen bis heute beibehalten. Wenn man ihr Land erreichen will, ohne einen Hubschrauber zu benutzen, muss man, nach dem Ende der Straße, eine viertägige Reise durch den Regenwald mit dem Boot auf sich nehmen. Grundsätzlich sind die Yanomami noch immer Sammler und Jäger, auch wenn sie zur Ergänzung ihrer Nahrung zusätzlich Maniok und Bananen pflanzen. Stolz tragen sie zum Teil noch heute Pfeil und Bogen mit sich, wenn sie ein anderes Dorf besuchen. Früher wohnten die Yanomami in gemeinschaftlichen Rundbauten, inzwischen wohnen sie in kleinen, nahezu identischen Lehmhütten. Beim Bau der Hütten unterstützen sie sich gegenseitig. Auch teilen sie die Ausbeute ihrer Sammlung und ihrer Jagd. Sie glauben an eine beseelte Natur, wobei sie den Wert des Lebens eines Jaguars oder Affen nicht geringer schätzen als den Wert eines Menschen. So versuchen sie den Geist eines bei der Jagd erlegten Tieres durch entsprechende Rituale zu besänftigen. Jedes Kind bekommt bei seiner Geburt ein Tier als Paten zugeteilt. Die Yanomami glauben, dass das Schicksal des Kindes mit dem Schicksal des Tieres ein Leben lang verbunden bleibt. Erleidet das Tier eine unheilvolle Erfahrung, so auch der mit ihm verbundene Mensch. Die Yanomami heben sich in ihrer Vorstellung nicht von der sie umgebenden Welt ab, sie gehen in ihr auf. Selbst ihre Toten bleiben bei ihnen. Sie werden ver-

brannt und die Asche wird von den Angehörigen der Verstorbenen aufgegessen. Aufgrund ihrer grundsätzlichen Besitzlosigkeit, vor allem aber, weil sie sich vollständig und wertfrei in die Schöpfung integriert haben, dürften die Yanomami zufriedener sein als wir. Meine Begegnungen mit ihnen bestätigten diese Vermutung. Leider rückt die „moderne Lebensweise" immer näher. Die Tage ihrer Kultur sind sicherlich gezählt.

In den vorherigen Kapiteln habe ich versucht, Gesetzmäßigkeiten zu identifizieren und damit Orientierungspunkte zu finden, die uns bei einem tieferen Verständnis der Welt und bei der Konstruktion einer Basis für unser Leben weiterhelfen können. Auch bei konkreten persönlichen Fragestellungen ist es möglich, auf diese Gesetzmäßigkeiten Bezug zu nehmen. Dabei sind vorab stets zwei Überlegungen anzustellen:

Die erste Überlegung betrifft das zu erreichende Ziel. „Was wollen wir werden?" bzw. „Was wollen wir wollen?", wie Harari es ausdrückt. Dabei halte ich es durchaus für angebracht, mich bei der Zielsuche mit allgemeinen Dingen zu beschäftigen. Konzentriere ich mich bei meinen therapeutischen Gesprächen gleich zu Beginn auf die einzelnen Anliegen, laufe ich Gefahr, den Wald vor lauter Bäumen nicht zu erkennen. Das deutsche Kinder- und Jugendhilfegesetz schlägt beispielsweise vor, dass sich die Erziehung der Kinder an den Zielen der Eigenverantwortlichkeit und der Gemeinschaftsfähigkeit orientieren sollte. Wenn man eine allgemeine Richtlinie für sich gefunden hat, erledigen sich die vielen kleinen Fragestellungen meist von selbst. Gerade so grundsätzliche Fragen, wie: „Was wollen wir werden?" und „Was wollen wir wollen?" bedürfen zuerst allgemeiner Überlegungen, um einen Rahmen abzustecken, der den Raum für ein zufriedenes Leben ermöglicht.

Allerdings genügt es nicht, nur das Ziel zu erkennen. In meiner therapeutischen Arbeit begegnen mir viele Menschen, deren Ziele sehr ähnlich sind. Sie wollen von ihrer Familie verstanden und akzeptiert werden, als die Personen, die sie sind, mit ihren Gefühlen, Gedanken und Bedürfnissen. Obwohl die Zielvorstellung bei den meisten meiner Klienten sehr ähnlich ist, sind die Wege dorthin recht verschieden. Es reicht deshalb nicht aus, ein Buch darüber zu lesen, wie man persönlichen Schwierigkeiten am besten begegnet. Denn wenn wir das Ziel kennen, kennen wir nur die halbe Wahrheit. Es fehlt ein zweiter wesentlicher Aspekt, dessen Kenntnis von großer Bedeutung ist, bevor wir uns auf den Weg machen.

Neben einer genauen Vorstellung von unserem Ziel, brauchen wir das Wissen über unseren Ausgangspunkt. Habe ich beispielsweise vor, nach München zu fahren, macht es einen Unterschied, ob ich mich zunächst in Passau oder in Nürnberg befinde. Wenn ich nicht weiß, wo meine Reise beginnt, werde ich mein Ziel nicht erreichen. Auch im übertragenen Sinn ist wichtig, dass ich mir klar darüber bin, wo ich gerade stehe, und es ist notwendig, diesen Zustand anzuerkennen, selbst wenn er mir nicht gefällt. Die Unterscheidung zwischen „gut" und „schlecht" und der Wunsch nach Veränderung dürfen nicht verhindern, dass wir akzeptieren, wo wir sind!

Die Ausgangssituation meiner Klienten ist jedes Mal eine andere. Jeder kommt aus einer anderen Ursprungsfamilie. In jeder Familie wird die Welt ein wenig anders gesehen. Jeder von uns lernt, auf individuelle Weise mit den Herausforderungen umzugehen, die das Leben an uns stellt. Aufgrund unserer Vorerfahrungen haben wir vor unterschiedlichen Dingen Angst und fühlen uns in unterschiedlichen Umgebungen sicher.

Jeder Mensch hat einen individuellen Ausgangspunkt, wenn er sich den alltäglichen Herausforderungen stellt. Mit allen Menschen aber teilen wir die hier beschriebenen grundsätzlichen Rahmenbedingungen unserer Existenz, deren Anerkennung und Akzeptanz von großer Bedeutung sind, wenn wir uns mit den grundlegenden Fragen des Lebens beschäftigen. Wenn wir uns damit auseinandersetzen, wie es uns gelingen kann, ein zufriedenes Leben zu führen, sollten wir deshalb zuerst verinnerlichen, dass wir ein Teil des „Großen Ganzen" sind. Hier liegt der übergeordnete Ausgangspunkt, von dem aus wir uns auf den Weg machen, und dessen Kenntnis für uns von großer Bedeutung ist, damit wir bei unserer persönlichen Reise die Orientierung nicht verlieren.

Die Gemeinschaft individueller Vielfalt

Ein Teil des „Großen Ganzen" zu sein bedeutet, dass wir zu einer Gemeinschaft individueller Vielfalt gehören. Aus dem ursprünglichen Materiebrei sind unzählige Formen hervorgegangen, die eine gewisse Unabhängigkeit voneinander erreicht haben, obwohl sie stets im „Netz" des Universums mit seinen Gesetzen verbleiben werden. Das individuelle Dasein eröffnet einen großen Raum an Möglichkeiten, in dem sich sowohl unbelebte als auch belebte Strukturen erproben können, und die Verbundenheit bzw. Gemeinschaft steckt die Grenzen des Verträglichen ab. Wir entwickeln uns den Anforderungen unserer Gemeinschaft weiter – zu der ich hier die gesamte Schöpfung zähle – und nicht irgendwohin. Die Gemeinschaft ermöglicht unsere Reifung.

Als Menschen leben wir im Spannungsfeld zwischen diesen beiden Polen. Genauso wie der Raum als Ursache sowohl für die Abgrenzung als auch für den Zusammenschluss der Materie angesehen werden kann und damit die Möglichkeit einer materiellen Reifung hervorbringt, so fördert das Leben in einer Gemeinschaft vielfältiger Individuen die Weiterentwicklung ihrer Mitglieder.

Die Vielzahl an Individuen und ihre wechselseitige Beeinflussung bestimmt unsere Erfahrungswelt. Das Leben in einer Gemeinschaft individueller Vielfalt ist für seine Mitglieder die beste Voraussetzung dafür, möglichst viele und unterschiedliche Erfahrungen zu machen. Innerhalb einer Generation können wir milliardenmal mehr erleben, als wenn wir ein einzelnes Wesen geblieben wären, so wie es vor 13,8 Milliarden Jahren tatsächlich der Fall war. Wir erlangen innerhalb von kurzer Zeit einen unglaublich großen Erfahrungsschatz. Als menschliche Individuen sind wir zudem in der Lage, uns auszutauschen, unsere Erfahrungen zusammenzutragen und so ein kulturelles und wissenschaftliches Erbe anzureichern.

Es ist naheliegend, daraus zu schließen, dass es eine zentrale Aufgabe in unserem Leben sein könnte, Erfahrungen zu sammeln. Wenn wir aufgrund der Auffächerung in Individuen schon die Fähigkeit besitzen, uns in kurzer Zeit einen großen Erfahrungsschatz anzureichern, so sollten wir das vermutlich auch tun. Weil sich diese Fähigkeit aus den Rahmenbedingungen und Prinzipien unserer Welt ableiten lässt, fällt uns das nicht schwer. Wir sammeln Erfahrungen, indem wir schlichtweg leben, unabhängig von Lebensalter, Wohnort, finanziellen Status oder Beruf.

Wir nehmen Teil an der Evolution. Als ein winziger Teil der Welt starten wir ins Leben und werden wieder daraus scheiden. Zwischendurch bringen wir mit unserer erfahrenden Existenz ein wenig mehr Licht in das Dunkel des „Großen Geheimnisses", das uns alle umgibt.

Anders als man vielleicht denken könnte, schränkt uns ein Leben in der Gemeinschaft – in der Bewusstheit der Verbundenheit – nicht darin ein, vielfältige Erfahrungen zu machen. Durch eine Verneinung der Verbundenheit, einen in der Realität ohnehin nicht durchführbaren Ausstieg aus der Gemeinschaft, würden wir uns sogar in unserem potentiellen Erfahrungsreichtum beschneiden:

Zwar lässt uns unsere Individualität viele unterschiedliche Erfahrungen machen. Wir leben an verschiedenen Orten und in verschiedenen Situationen. Die Gemeinschaft jedoch bereichert unser Erleben mit Erfahrungen von zusätzlicher Qualität. Denn hier stoßen wir an Grenzen, die in uns Gefühle wie zum Beispiel Scham hervorrufen, Basisemotionen, die wir als einsame Individuen nicht erleben könnten.

Auch außerhalb einer Gemeinschaft könnten wir nicht frei handeln. Ohne die Grenzen, die uns durch die Anforderungen eines Miteinanders auferlegt werden, würden wir von einem Verlangen nach *diffuser* Veränderung – der Erfüllung unserer momentanen Wünsche – getrieben werden. Sie bergen die Gefahr in sich, uns umherirren zu lassen und würden uns in einer vergleichbaren Weise einschränken wie der Verhaltenskodex, der uns durch ein gesellschaftliches Miteinander auferlegt wird. Zugleich hätten wir nicht die Möglichkeit, den in der Gemeinschaft bereits erprobten und richtungsweisenden Erfahrungsschatz zu nutzen.

Ich habe Freundschaft geschlossen mit allem, was schön ist.
(Scott Momaday)

Um ein zufriedenes oder gar glückliches Leben führen zu können, ist es notwendig, dass wir uns mit unserer Welt identifizieren. Die Kenntnis der allseitigen Verbundenheit impliziert, dass wir ein tiefes Empfinden für das „Große Ganze" entwickeln, das heißt ein tiefes Empfinden für alles Lebendige und alles „Leben-Hervorbringende". Dies ist meines Erachtens der Grundstein für ein erfülltes Leben.

Nur wenn wir unsere Zusammengehörigkeit mit der gesamten Welt erspüren und sie lieben lernen, können wir am Leben in seiner Gänze teilhaben und aus seinem potentiellen Erfahrungsreichtum schöpfen. Die Welt hat uns hervorgebracht und kommt durch uns erneut zum Ausdruck. Durch die Abspaltung von Lebensinhalten, zu denen wir keinen rechten Zugang finden, beschneiden wir uns selbst (vgl. mit dem Abschnitt „Die Nabelschnur zu den Sternen"). Die Missachtung von Teilen dieser Welt wird sich auf uns auswirken, weil wir uns wie ein Kind, das seine Eltern verleugnet, entfremden werden. Es wird leer werden in uns, weil uns infolge der Abspaltung und somit einer nur mangelhaften Identifizierung mit der Welt etwas fehlen wird. Weil ein vages Gefühl uns antreiben wird, den innerlichen Mangelzustand zu beheben, werden wir von Sehnsüchten getrieben werden, der Wurzel unserer Unzufriedenheit. Erst wenn es gelingt, in einer guten Beziehung mit der Schöpfung zu stehen und uns mit ihr zu identifizieren, haben wir den Boden für ein zufriedenes Leben unter unseren Füßen.

In seiner Enzyklika „Laudato Si" kritisiert Papst Franziskus das sogenannte „Technokratische Paradigma", ein eindimensionales Paradigma, das der Mensch in seinem Glauben an die Technologie entwickelt habe. „Nach diesem Paradigma tritt eine Auffassung des Subjekts hervor, das im Verlauf des logisch-rationalen Prozesses das außen liegende Objekt allmählich umfasst und es so besitzt." (Papst Franziskus 2015, S. 116.)

Wenn wir uns vom Rest der Welt trennen, uns als ein unabhängiges Subjekt betrachten, betrachten wir alles andere als ein bloßes Objekt und behandeln es entsprechend. Damit fügen wir unserer Umwelt und damit letztlich uns selbst unnötiges Leid zu.

Die indigene Bevölkerung Amerikas und wohl auch die meisten anderen Sammler- und Jäger-Gesellschaften schrieben beinahe allen Bestandteilen der Welt einen Subjektcharakter zu. Jedem Baum, jedem Stein sowie auch allem anderen wurde eine Seele zugesprochen. So wurde es möglich, mit allen Geschöpfen in eine Beziehung zu treten und sich mit ihnen verbunden zu fühlen. Der 1934 geborene, zum Stamm der Kiowa gehörende, nordamerikanische Schriftsteller N. Scott Momaday wurde 1969 als erster indigener Amerikaner mit dem Pulitzer-Preis ausgezeichnet. Er schrieb das „Freudenlied des Tsoai-Talee". In dem Gedicht bringt Momaday den oben beschriebenen Zusammenhang zwischen der Freude am Leben und der Identifizierung mit der gesamten Schöpfung sehr gut zum Ausdruck.

„Ich bin eine Feder am hellen Himmel
ich bin das blaue Pferd, das über die Prärie läuft
Ich bin der Fisch, der funkelnd im Wasser schwimmt
Ich bin der Schatten, der einem Kind folgt
Ich bin das Abendlicht auf den Wiesen
Ich bin der Adler, der im Wind spielt
Ich bin eine Handvoll bunter Perlen
Ich bin der fernste Stern
Ich bin die Morgenkühle
Ich bin das Rauschen des Regens
Ich bin das Glitzern auf harschigem Schnee
Ich bin der Pfad des Mondes auf dem Wasser
Ich bin eine vierfarbige Flamme
Ich bin ein Hirsch, der fern in der Dämmerung steht
Ich bin ein Feld voll Sumach und Prärierüben
Ich bin der Keil ziehender Gänse am Winterhimmel
Ich bin der Hunger des jungen Wolfes
Ich bin der Traum, der all dies umschließt
Sieh ich lebe, ich lebe
Ich habe Freundschaft mit der Erde geschlossen
Ich habe Freundschaft mit den Göttern geschlossen
Ich habe Freundschaft geschlossen mit allem, was schön ist
Ich habe Freundschaft geschlossen mit der Tochter des Tsen-
tainte
Sie, ich lebe, ich lebe"

(Momaday 1995, S. 96 ff.)

Zum Leben gehören selbstverständlich auch leidvolle Erfahrungen. Etwas weiter oben habe ich beschrieben, warum aus meiner Sicht das Leid untrennbar mit dem Menschen verbunden ist: Weil die Unterscheidung zwischen „gut" und

„böse" für unser Überleben notwendig ist, sind wir dafür prädestiniert, Sehnsüchte zu entwickeln und damit unsere Unzufriedenheit heraufzubeschwören.

Heute gibt es kaum noch etwas, das unser Leben wirklich bedroht und deshalb das Prädikat „schlecht" erhalten müsste. Die größten Bedrohungen, denen wir ausgesetzt sind, sind unsere eigenen kriegerischen Auseinandersetzungen sowie die Schädigung unserer Umwelt. Krankheiten und Unfälle gehören zum Leben. In Mitteleuropa haben wir diesbezüglich viel Vorsorge betrieben, so dass wir ein recht sicheres Leben führen können.

Gewisse „Unannehmlichkeiten" bleiben uns dagegen nicht erspart. Und irgendwann wird das Schicksal bei jedem von uns auch schmerzlich zuschlagen. Wenn wir zufrieden leben wollen, müssen wir lernen, vieles zu akzeptieren. Wenn es uns gelingt, unsere Welt zu lieben, ist der Weg dorthin allerdings nicht mehr weit. Die Voraussetzung dafür ist, dass es uns gelingt, uns selbst zu lieben. Denn wir können für etwas oder jemanden anderes nur das empfinden, was wir für uns selbst empfinden. Deshalb sind die ersten Schritte in ein zufriedenes Leben die Schritte, mit denen wir auf uns selbst zugehen.

Im Markus-Evangelium heißt es: „Liebe deinen Nächsten wie dich *selbst*." Mehr kann von uns nicht verlangt werden. Was wir für uns selbst empfinden, ist die Basis unserer Empathie. Das Gebot der Nächstenliebe ist eingebettet in ein Gespräch, das Jesus mit einem Schriftgelehrten geführt haben soll. Der Schriftgelehrte hätte Jesus gefragt: „Rabbi, welches ist deiner Meinung nach das höchste Gebot von allen?" Jesus hätte geantwortet: „Du sollst den Herrn, deinen Gott, lieben von ganzem Herzen und ganzer Seele und mit ganzer Kraft und ganzem Verstand. Das ist das höchste Gebot. Ein zweites aber erscheint mir gleichrangig. Es lautet: Du sollst deinen Nächsten lieben wie dich selbst." (Markus 12,29 – 31, nach Wolf, Linder 2012, S. 103 f.) Der (auf das Ausmaß der Selbstliebe beschränkten) Nächstenliebe wird in der Bibel also die Liebe zu Gott vorangestellt. Dabei gleicht das christliche Verständnis von Gott dem Bild eines liebenden Vaters, weshalb die Liebe, die wir ihm entgegenbringen, ganz von selbst – aufgrund der automatischen Identifizierung mit elterlichen Repräsentanten – auf uns selbst zurückfallen wird. Der Kern dieses Gebotes scheint sich in zweifacher Hinsicht, auf die große Bedeutung der Selbstliebe zu beziehen, dem psychischen Ursprung unserer emotionalen Fähigkeiten. Zugleich wird an dieser Stelle auf die große Bedeutung der Rückbindung an unsere menschliche Herkunft – dargestellt als Gott-Vater – verwiesen. Die Selbstliebe und die Liebe zur Welt sind aneinander gekoppelt. Beide können sich nur miteinander entwickeln.

Bis vor kurzem ordnete man den sogenannten Spiegelneuronen in unserem Gehirn die Aufgabe zu, die Gefühle von anderen zu erkennen, damit wir fähig werden, uns in sie einzufühlen. Diese These ist inzwischen umstritten. Doch wenn auch hinsichtlich der neuronalen Strukturen unserer Empathie weiter geforscht wird, so bleiben die psychologischen Abläufe stets dieselben: Wenn zum Beispiel jemand in eine saure Zitrone beißt und wir dies beobachten, zieht es uns automatisch den Mund zusammen. Allerdings nur, wenn wir vorher selbst erfahren konnten, wie es ist, in etwas sehr Saures zu beißen. Kennen wir das Gefühl nicht, werden wir auch nichts dabei empfinden, wenn wir den Biss in eine Zitrone beobachten.

Aus unserer Selbstliebe sollte sich kein Narzissmus entwickeln. Er widerspricht der Bereitschaft, sich auf die Welt einzulassen. Narzisstisch veranlagte Menschen grenzen sich innerlich ab, kreisen um sich selbst und stellen den Wert der eigenen Persönlichkeit über alles andere. Narzissten wird es nicht gelingen, ganzheitlich am Leben teilzuhaben, sich mit der Schöpfung zu identifizieren und damit die Voraussetzung dafür zu schaffen, sich tatsächlich aus ganzem Herzen selbst zu lieben.

Ein narzisstisch veranlagtes Individuum bleibt in seiner Einzigartigkeit allein. Damit wir uns nicht einsam fühlen, ist es hilfreich, die Unterschiede zwischen uns nicht nur zu tolerieren, sondern vielmehr, sie zu schätzen. Unsere eigene Fähigkeit zur Toleranz unterstützt unsere eigene psychische Stabilität.

Das Glück lässt sich nicht auf die gleiche Weise erarbeiten wie Besitz und Wohlstand. Wir werden nur glücklich, wenn wir am Leben teilhaben, denn dazu sind wir hier. Die ersten Schritte in ein zufriedenes Leben sind wohl diejenigen, die uns dabei helfen, uns selbst zu lieben, ohne dass wir uns dabei eine zu große Bedeutung zumessen. Gleichzeitig wird es notwendig sein, dass wir uns mit der Welt auseinandersetzen. Damit wir auch sie lieben können, müssen wir sie kennenlernen und versuchen, sie zu verstehen. Selbst- und Weltliebe sind miteinander verbunden. Sie können nicht unabhängig voneinander wachsen.

Bin ich, wenn ich denke?

Warum aber fällt es trotz Gesundheit und ausreichender materieller Versorgung vielen schwer, ein ausgeglichenes und zufriedenes Leben zu führen, wenn die Kunst dafür nur darin besteht, der Welt offen zu begegnen, sich auf sie einzulassen und *mit* ihr zu leben?

Ich glaube, die Antwort ist einfach: Wir denken zu viel. Evolutionär gesehen, ist die Fähigkeit zu denken erst sehr spät zu einem Bestandteil des Lebens geworden. So liegen die emotionalen Zentren im Inneren unseres Gehirns, wohingegen sich die kognitiven Strukturen in der Gehirnrinde befinden. Sehr lange ist das Leben auf der Erde zurechtgekommen, ohne nachzudenken. Und auch heute kommen die meisten Lebewesen gut damit aus, gar nichts oder zumindest nicht viel zu denken. Dennoch messen wir unserem Denken einen besonders großen Stellenwert bei, denn speziell uns Menschen hat es einen evolutionären Vorteil verschafft. Mit seiner Hilfe konnten wir eine Nische finden, die es uns trotz unserer körperlichen Schwächen ermöglicht hat, zu überleben. Das Denken ist in erster Linie für unsere Spezies so bedeutend geworden. Andere Lebewesen fanden andere Nischen, in denen sie sich spezialisieren konnten.

Mit Hilfe unserer kognitiven Fähigkeiten gelang es uns zunehmend, auch über unsere eigene Persönlichkeit zu reflektieren. „Je pense, donc je suis" – „Ich denke, also bin ich" – postulierte René Descartes 1637 und sah seine Fähigkeit zu denken als Nachweis für seine Existenz an. Descartes wollte vielleicht damit ausdrücken, dass er sich mittels seiner Gedanken selbst erleben kann und deshalb nicht daran zweifeln müsse, dass es ihn wirklich gibt. Dies bedeutet allerdings nicht, dass unsere Fähigkeit, über das eigene Verhalten zu reflektieren, stets zum besseren Verständnis der Menschen untereinander beiträgt oder unsere Selbstkenntnis verbessert. Im Gegenteil: Wir werden uns selbst nicht unbedingt gerechter, wenn wir uns von unseren Überlegungen leiten lassen.

Unser Verstand befähigt uns, Vergangenheit, Gegenwart und Zukunft rational miteinander zu verknüpfen, ohne dass – im Gegensatz zu den Gefühlen – ein Handlungsimpuls erfolgen muss. Wenn uns ein Gefühl bewusst wird, wir es also rational erfassen, sind wir häufig dazu in der Lage, den darauf folgenden Impuls zu kanalisieren und aufzuschieben, das heißt die zur Herstellung des inneren Gleichgewichts notwendigen Handlungen nicht im Hier und Jetzt auszuführen, sondern einen vielleicht passenderen zukünftigen Moment dafür auszuwählen. Es ist uns somit möglich, zu planen und strategisch vorzugehen.

Dies aber hat zur Folge, dass wir die Reaktionen anderer auf unser Verhalten nicht verstehen. Sie verunsichern uns und machen uns vielleicht sogar Angst. Damit wir zufrieden leben können, ist es notwendig, dass wir unsere Umgebung als kontrollierbar und vorhersehbar erleben. Zudem fühlen wir sozusagen „falsch", wenn es uns (aufgrund des strategischen Vorgehens unseres Gegenübers) nicht gelingt, bestimmte Situationen passend zu bewerten. Unsere Gefühle hängen ja ausschließlich von der Bewertung unserer Erlebnisse ab. Das hat weitreichende Konsequenzen, denn unsere Gefühle sind der einzige Maßstab in unserem Leben. Wir lernen größtenteils aus unseren Gefühlen. Unser Gehirn ist ihr Spiegelbild, weil vor allem sie es sind, die den Anstoß zu neuen Verknüpfungen geben. Wenn wir unser Erlebtes nicht richtig bewerten, führt dies letztendlich dazu, dass wir nicht mehr richtig „ticken". Wir werden unsere Mitmenschen immer weniger verstehen, da wir uns zunehmend von ihnen unterscheiden. Unser Gehirn hat sich auf eine andere, ganz persönliche Weise strukturiert.

Stellen wir uns beispielsweise eine alleinerziehende Mutter von zwei Kindern im Alter von sechs und acht Jahren vor, die aufgrund ihrer großen Doppelbelastung durch Familie und Beruf kaum Zeit findet, ihre eigenen Bedürfnisse zu befriedigen. Stellen wir uns weiter vor, diese Mutter hätte einen cholerischen Vorgesetzten, der sie ungerechtfertigter Weise rügt, wenn er schlecht gelaunt ist. Sie traut sich nicht, ihren Vorgesetzten zur Rede zu stellen, da sie froh ist, in ihrer Situation einen Job gefunden zu haben. Zunächst würde sie ihrem Vorgesetzten wohl widersprechen. Doch sie beginnt zu taktieren. Sie schiebt diese Reaktion auf, aus Angst er könnte sauer auf sie sein und seine Launen verstärkt an ihr auslassen. Nachdem sie sein Verhalten einige Zeit hinnimmt, ohne ihn darauf anzusprechen, wird ihr Ärger entsprechend größer. Am liebsten würde sie ihm einen Tritt geben, wenn er sie wieder ungerecht behandelt. Doch auch diese Reaktion hält sie zurück, da sie sonst ihren Job verlieren würde. Aufgrund ihrer Frustration wird die Mutter von Tag zu Tag mürrischer. Sie verliert ihre Kritikfähigkeit, da jeder zusätzliche Kommentar, der ihr Verhalten in Frage stellt, wie der Tropfen wirkt, der das bereits volle Fass zum Überlaufen bringt. Wenn sie nun zuhause Kritik von ihren Kindern bekommt, reagiert sie äußerst barsch. Es kann vorkommen, dass sie ihre Kinder deshalb sogar ohrfeigt. So lernen die Kinder, dass es ungezogen sei, Kritik zu äußern, und dass man sich vor den Reaktionen kritisierter Menschen fürchten müsse. Selbst wenn diese Kinder noch Jahre später dazu aufgefordert werden, Kritik zu äußern, werden sie dabei wohl ein übertrieben großes Gefühl der Angst empfinden. Vielleicht halten sie sich generell lieber mit ihren Äußerungen zurück, selbst wenn sie sich in keinem entsprechenden Abhängigkeitsverhältnis befinden, wie es bei ihrer Mutter hinsichtlich ihres Vorgesetzten der Fall war. Denn Ängste werden häufig generalisiert. Zwar lässt sich das Gefühl der Angst aus der persönlichen Erfahrung der Kinder logisch erklären, dennoch ist es unangebracht hinsichtlich der Situationen, in denen es auftritt. Sie „ticken" etwas anders als diejenigen, die diese Erfahrung nicht machen mussten. Ihr Leben wird etwas komplizierter verlaufen. Und vermutlich geben sie ihre Eigenart wiederum an ihre Nachkommen weiter.

Da der Mensch ein „vernünftiges" Tier ist, das heißt einen ausgeprägten Verstand besitzt, ticken wir alle ein wenig anders. Letztendlich lernen wir, das Verhalten anderer stets zu hinterfragen. So ist es uns möglich, einigermaßen gesund durch das Leben zu kommen. Doch unser Leben wird dadurch komplizierter und unser Erleben wird anfälliger für Fehler.

Um die psychischen Folgen eines in diesem Sinne von unseren Überlegungen geleiteten strategischen Handelns wieder abzumildern, beginnt man in der Psychotherapie häufig damit, eine „gesunde" Beziehung zum Hilfesuchenden herzustellen. Dabei wird auf das Verhalten des Patienten „natürlich" reagiert. Es wird nicht taktiert, Emotionen werden nicht versteckt, sondern in einer angemessenen Weise unmittelbar zum Ausdruck gebracht. Eine authentische Beziehung rückt uns wieder zurecht. Wir fühlen uns sicher. Die Reaktionen auf unser Verhalten erscheinen uns vorhersehbar und kontrollierbar, da wir mit der Zeit lernen, unser Gegenüber einzuschätzen. Wahrscheinlich werden wir zufriedener mit uns selbst, weil wir aufgrund eines offenen und ehrlichen Umgangs große Ähnlichkeiten zwischen uns und unseren Mitmenschen erkennen.

Immer wenn wir uns im Leben „verfahren" haben, können uns „gesunde Beziehungen" dabei helfen, uns selbst wieder neu zu verorten. Eine „gesunde" Beziehung setzt allerdings voraus, dass wir die Scheu verlieren, Gefühle zu zeigen. Dazu müssen wir uns unserer Gefühle zunächst bewusst werden, wozu es wiederum notwendig ist, uns vermehrt mit uns selbst zu beschäftigen. Es bestätigt sich die Schlussfolgerung, die ich aus den Überlegungen des vorherigen Kapitels ziehen konnte, als es um die ersten Schritte in ein zufriedenes Leben ging – mit der ergänzenden Bemerkung, dass es nicht unser Verstand ist, sondern dass es unsere Gefühle sind, von denen wir uns (früh genug) leiten lassen sollten. Neben der Verbundenheit und der Veränderung ist die Welt der Gefühle die dritte Rahmenbedingung, die unser Leben bestimmt.

Die Auseinandersetzung mit uns selbst benötigt Zeit. Langeweile könnte uns behilflich sein, weit mehr als der Versuch, dem Glück hinterherzurennen. Zerbrechen wir uns den Kopf über unsere Zukunft, geraten wir in einen Strudel, wenn wir erkennen, dass das Leben so viele Facetten hat, auf die wir uns unmöglich vorbereiten können. Leider wird häufig bereits die Kindheit zu einem Training für das spätere Leben. In einer Zeit des schnellen Wandels sind wir kaum mehr in der Lage, die Bedingungen einzuschätzen, unter denen unsere Kinder zukünftig leben werden. Manche versuchen deshalb, ihren

Nachkommen in mannigfaltiger Art und Weise darauf vorzubereiten. Immer häufiger werden durchdachte „Programme" entwickelt, die den Weg ins Glück erleichtern sollen. Selbst wenn wir in einer sozialen oder seelischen Krise stecken, wird uns nahegelegt, unseren Schwierigkeiten mit speziellen Trainingseinheiten zu begegnen. Wir werden trainiert, umprogrammiert und gecoacht, um mit unseren Kindern, Partnern, Kollegen und sogar unseren Gefühlen zurechtzukommen. Den Zugang zu uns selbst – und somit die für jegliche Problemlösung notwendige Kenntnis unseres persönlichen Ausgangspunkts – verlieren wir dabei immer mehr.

Wir können uns unser Glück weder antrainieren, noch ist es hilfreich, wenn wir uns dauerhaft den Kopf darüber zerbrechen. Wir können das Glück nur zulassen, indem wir anerkennen, dass wir ein Teil eines Systems sind, das uns trägt. Nutzen wir unsere einmalige Gelegenheit, in diesem System aufzugehen, uns selbst als einen Teil des „Großen Ganzen" zu erforschen, die Gesamtheit lieben zu lernen und uns mit ihr zu identifizieren. Dies kann uns nur auf einem emotionalen Weg gelingen. Rein rationale Anstrengungen versprechen nur wenig Erfolg.

So wie vor 13,8 Milliarden Jahren ist auch heute noch alles *eins*, nur merken wir es nicht. Es gibt nichts ausschließlich Gutes oder Schlechtes. Es gibt nichts hinter dem wir herlaufen oder vor dem wir flüchten müssten. Es gibt „nur" die *eine* Welt, die so ist, wie sie ist. Alles andere sind unsere eigenen Interpretationen, selbst erdachte Welten, in denen wir unterscheiden und skurrile Gedanken und Fantasien verfolgen.

Irvin D. Yalom beschreibt in seinem Buch zur Existenziellen Psychotherapie eine für ihn einprägsame Erfahrung: „Ich schnorchelte allein in dem warmen, sonnigen, klaren Wasser einer tropischen Lagune und erlebte, wie ich es oft im Wasser habe, ein tiefes Gefühl von Freude und Wohlbehagen. Ich fühlte mich zu Hause. Die Wärme des Wassers, die Schönheit des Korallengrundes, die glitzernden, silbernen Elritzen, die neonhellen Korallenfische, der königliche Engelsfisch, die fleischigen Anemonenfinger, das ästhetische Vergnügen, durch das Wasser zu gleiten – alles zusammen erschuf ein Unterwasser-Elysium. Und dann erfuhr ich, aus Gründen, die ich niemals verstanden habe, einen plötzlichen Wandel der Perspektive. Ich wurde mir plötzlich bewusst, dass keiner meiner Genossen im Wasser meine heimelige Erfahrung teilte. Der königliche Engelsfisch wusste nicht, dass er schön war, die Elritzen, dass sie funkelten, die Korallenfische, dass sie strahlten. Die Seeigel mit ihren schwarzen Stacheln oder die Abfälle auf dem Grund (die ich zu übersehen versuchte) wussten auch nichts von ihrer Hässlichkeit. Das Zuhausesein, die Wohligkeit, die lächelnde Stunde, die Verführung, die Annehmlichkeit – keine von diesen existierte wirklich. Ich hatte diese gesamte Erfahrung geschaffen! Ich könnte in gleicher Weise durch ölschlickiges Wasser voller leerer Plastikbehälter gleiten und mich dafür entscheiden, es entweder schön oder abscheulich zu finden. Auf der tiefsten Ebene waren die Wahl und die Schöpfung mein Werk." (Yalom 2010, S.255 f.)

Eine ähnliche Erfahrung machte ich als Kind. Ich lag auf der Liege in unserer Küche. Über mir war ein kleines Regal an die Wand geschraubt, in dem sich ein Radio mit dunkler Holzverkleidung befand. Die Liege war ein Ort, an dem ich mich immer sehr geborgen fühlte. Abends konnte ich unter dem Radio liegend eine Gute-Nacht-Geschichte anhören. Wenn ich krank war, konnte ich dort liegen und meiner Mutter bei den Hausarbeiten zusehen.

An diesem Tag stand meine Mutter wie so oft neben dem Herd. Sie hatte mir ihren Blick zugewandt. Der Blick in die Augen meiner Mutter war für mich, bis zu diesem Moment, ein Blick in ihr tiefes Inneres gewesen. Ihre Augen symbolisierten für mich ihre Mitte, ihre eigentliche Person. Doch diesmal stellte ich fest, dass die Augen meiner Mutter nur Organe waren. Sie waren nicht ihr eigentlicher Kern. Ihre Mitte schien es nicht einmal zu geben. Weder die Augen, noch das Herz oder irgendetwas anderes konnten es sein. Alles war nur ein Teil von ihr und alles war so komplex, dass ich es nicht erfassen konnte. Ich fühlte mich in diesem Moment sehr einsam. Ich hatte begonnen, über mein Erlebtes zu reflektieren und verlor dabei – unter der Benutzung meines eingeschränkten menschlichen Verstandes – den Blick für den eigentlichen emotionalen Wahrheitsgehalt der Dinge.

Unsere erdachten Welten können schön oder hässlich sein. Sie können die Wirklichkeit reduzieren oder erweitern. Sie werden uns aber nicht dabei helfen, sie zu erkennen und uns mit ihr zu identifizieren. Die tatsächliche Identifizierung ist ein emotionaler Akt.

III. Der Blick über den Tellerrand

Das Licht in der Welt

Der Niedergang unserer Struktur und Ordnung macht uns Angst. Wir fürchten uns vor dem Zeitpunkt, an dem unser Leben zu Ende geht. Einer Kapitulation gleich zerfällt alles, was in vielen Jahren aufgebaut und zum Teil hart erkämpft wurde. Es war schwierig, überhaupt auf die Welt zu kommen. Während unseres Lebens waren wir vielen Gefahren ausgesetzt und erarbeiteten uns unterschiedlichste Fähigkeiten, um in unserer Mitwelt zurecht zu kommen. Und mit einem Mal startet ein genetisch in uns verankerter Prozess, der uns altern und schließlich sterben lässt. Der Aufbau von Struktur und Ordnung und die damit einhergehende Zunahme an Komplexität ist eben nur eine Seite der Medaille unseres Lebens, in einer Welt, die sich genauso zielstrebig auf eine möglichst große Vielfalt hin entwickelt.

Als ich den Sinn des Lebens betrachtete, habe ich angenommen, dass unser Bewusstsein mit dem Tod erlischt und somit nichts davon übrig bleibt, wovon wir behaupten, es seien wir selbst. Unser Bewusstsein ist ab dem Moment unseres Ablebens plötzlich nicht mehr vorhanden. Vielleicht ist der Tod vergleichbar mit einer Narkose oder einem traumlosen Schlaf. Bei dem Gedanken daran, drängt sich mir unmittelbar die Vorstellung auf, wie es sein mag, in ewiger Finsternis zu verweilen. Das macht mir Angst. Doch ohne eine bewusste Empfindung nehmen wir den Gang der Zeit nicht war. Sokrates sagte in einer Rede anlässlich seiner Verurteilung zum Tode, dass die Ewigkeit nicht länger sei als eine Nacht, falls sich der Tod mit einem tiefen Schlaf vergleichen lasse – auch wenn Sokrates prinzipiell an ein Weiterleben nach dem Tod glaubte.

Der Begriff des „Todes" und die Rede davon „tot zu sein" lässt das Ende des Lebens wie eine Zustandsform erscheinen, als das Gegenteil von „Lebendigkeit". Eine solche Betrachtungsweise kann Ängste hervorrufen und zu eben diesen Gedankenspielen verleiten, wie es denn wäre, tot zu sein. Denn wenn wir einen bestimmten Zustand kennen, erwarten wir bei seiner Umkehrung in der Regel auch die gegenteiligen Erfahrungen. Ein Leben in Harmonie verläuft in absehbarer Weise anders als ein Leben in Zwietracht, und ein Leben in Armut lässt zumindest ansatzweise Rückschlüsse auf ein Leben in Reichtum zu. Der Tod aber beschreibt keinen Zustand. Er beschreibt ein Nichts und lässt sich deshalb auch nicht von uns ergründen. Ich kann es mir eben nicht vorstellen, wie es für mich ist, nicht zu sein, weil ich, wie wir alle, einen derartigen „Nicht-Zustand" nicht kenne. Wir können nur leben. Danach sind wir nicht tot, sondern wir sind nicht.

Der Philosoph Thomas Metzinger geht noch einen Schritt weiter. Er schreibt, dass unser Selbst, unser Ego, auch im lebendigen und wachen Zustand nicht wirklich als unser innerstes Zentrum, als der Kern unseres Daseins existiere. Es sei nicht mehr als ein Werkzeug, dessen sich unser Organismus bediene, um sich Informationen über die Welt zu verschaffen, ein Werkzeug, das die vielen Eindrücke, die uns über unsere Sinnesorgane zukommen, zu einer wahrnehmbaren Einheit zusammenfließen lässt (vgl. Metzinger 2015, S. 25).

Im menschlichen Körper sterben in jeder Sekunde etwa 50 Millionen Zellen. Fast genauso viele werden im gleichen Zeitraum „geboren". In unserem Organismus vergeht und entsteht das Leben im großen Maßstab. Im Vergleich dazu werden weltweit derzeit nur etwa 4 Menschen pro Sekunde geboren und zwischen ein und zwei Menschen sterben in dieser Zeit. Von den so zahlreichen und existenziellen Ereignissen innerhalb unseres Organismus aber erleben wir so gut wie nichts! Der Großteil der Abläufe auf der zellulären Ebene entzieht sich fast vollständig unserem Bewusstsein. Erst wenn ein Ereignis zu einer Bedrohung für den gesamten Organismus geworden ist, dringt es in unsere geistige Welt ein. Bereits aktuell spüren wir weder das entstehende noch das vergehende Leben in unserem Körper.

Man kann unseren Körper mit einem Team vergleichen. Ein Team, das wir als „Ich-Selbst" bezeichnen. Jeder Bestandteil dieses Teams trägt dazu bei, dass der gesamte Organismus erhalten und funktionsfähig bleibt. Dabei ist jeder Teil von der korrekten Aufgabenerfüllung der anderen abhängig: Das Herz versorgt unseren Körper mit Blut, die Lunge reichert das Blut mit Sauerstoff an, unser Verdauungstrakt mit Nährstoffen, die Leber und die Nieren halten unser Blut frei von Giftstoffen, unsere Skelettmuskeln sorgen dafür, dass wir uns bewegen können, um in die Reichweite von Nahrungsmitteln zu gelangen und äußere Bedrohungen abzuwehren usw. Zwar spüren wir hin und wieder unsere Bestandteile, wenn sie zum Beispiel nicht mehr richtig funktionieren, doch wir können nicht mit den Augen der Lunge, der Leber oder einer unserer Zellen sehen.

Auch wenn vieles von dem, was in und um uns herum passiert, nicht von uns registriert wird, gelangen Ereignisse in unser Bewusstsein, wenn sie von unserem Organismus als bedeutend angesehen werden. Aus den Informationen, die unser Gehirn von den Sinnesorganen erhält, erschafft es ein inneres Bild, eine sogenannte Repräsentation der Geschehnisse. Das Gehirn integriert eine Vielzahl von Eindrücken zu einem Gesamtbild. Dazu muss es die Wahrnehmungen der Sinnesorgane aufeinander beziehen, sie in eine zeitliche Reihenfolge bringen, sie bewerten usw. Damit eine entsprechende Integration gelingt (so nun wieder frei nach Metzinger), ist es hilfreich, dass wir bedeutungsvolle Ausschnitte aus unserem Erleben bewusst wahrnehmen. Diese Fähigkeit erleichtert die Anpassung unseres Organismus an seine Umgebung und bringt somit einen evolutionären Vorteil mit sich.

In diesem Sinne erschafft unser Gehirn ein Selbstmodell unseres Organismus. Weil er als eine Einheit – ein Team – agieren muss, nimmt sich unser Organismus auch als eine Einheit wahr. Dieses Selbstmodell entspricht unserem bewussten „Ich".

Unser „Ich" ist nicht willkürlich gewählt. Es entspricht dem Selbstmodell des Zusammenschlusses derjenigen Zellen, die sich in eine wechselseitige Abhängigkeit voneinander begeben haben. Doch die Existenz des „Ichs" ist weder selbstverständlich noch besitzt es eine eigene Wesenhaftigkeit bzw. Struktur. So wie das Leitbild eines Unternehmens den Mitarbeitern hilft, sich mit dem Unternehmen zu identifizieren, und auf diese Weise sogar die Zusammenarbeit einer großen Zahl von Menschen ermöglicht, oder wie religiöse Vorstellungen Menschen rund um den Erdball miteinander verbinden, so ist das „Ich" eine Vorstellung, ein Selbstmodell, das hilfreich für die Zusammenarbeit der unzähligen Bestandteile unseres Organismus ist. Unser „Ich" ist nichts Greifbares, es ist nichts weiter als eine Idee, die dabei hilft, das viele Leben in uns zu koordinieren.

Wenn Thomas Metzinger damit Recht hat, dass unser bewusstes „Ich" nicht mehr ist als ein Werkzeug, dessen sich unser Körper bedient, so sollten wir uns auch weniger mit unserem „Ich" identifizieren als mit unserem biologischen Organismus. Genauso wenig, wie wir uns vorrangig mit unseren Augen gleichsetzen, nur weil wir uns stark an optischen Eindrücken orientieren, können wir es bei dieser Betrachtungsweise mit unserem Bewusstsein tun. Unser Leben wäre etwas prinzipiell anderes. Unser Bewusstsein wäre nur ein nützliches Beiwerk. Wir könnten prinzipiell auch ohne es auskommen. Unsere Körper wären keine Tempel, in denen wir, das heißt unsere „Ichs" wohnen. Wir *wären* schlichtweg die Körper. *Sie* wären unser „Allerheiligstes" und unsere Identifikationsfigur, weil es ihnen gelingt, ein Bewusstsein zu generieren, mit dessen Hilfe wir uns lebendig fühlen.

Es gibt Bewusstseinsstörungen, die für diese These sprechen, weil sie zeigen, dass die Evolution hätte anders verlaufen können und wir (das heißt das Team aus unseren Zellen) ohne bewusstes Erleben handlungsfähig sein könnten. Beispielsweise besitzen Patienten, die an einer sogenannten „Seelenblindheit" leiden, trotz gesunder Augen kein bewusstes Sehen. Die betroffenen Menschen erleben sich als blind. Der Grund dafür liegt in der Zerstörung des primären visuellen Kortex, ein Abschnitt unseres Gehirns, der dafür verantwortlich ist, dass uns die von unseren Augen wahrgenommenen Sinneseindrücke bewusst werden können. Dennoch sehen die betroffenen Patienten unbewusst. Sie sind fähig, unbewusst Objekte zu erkennen und nach ihnen zu greifen, wenn man sie energisch dazu auffordert (vgl. Roth: 1997, S. 215).

(Anmerkung: Der Ausdruck „Seelenblindheit" kann an dieser Stelle in die Irre führen, da die in diesem Abschnitt genannten Begriffe „Ich", „Selbst" und „Ego", nichts mit dem religiösen Begriff der „Seele" zu tun haben. Die „Seele" entzieht sich einer naturwissenschaftlichen Betrachtung und ist kein Bestandteil dieser Argumentation.)

Falls unser „Ich" tatsächlich nichts weiter wäre als eine Idee, vergleichbar mit dem Leitbild eines Unternehmens, mit dem einzigen Zweck, die Zusammenarbeit der unzähligen Körperzellen zu erleichtern, so wäre sein Verschwinden im Anblick unseres Todes kein großer Verlust. Gehen wir davon aus, dass im Laufe der Evolution unser „Ich" dahingehend gereift ist, ein realitätsnahes Bild der Welt in unserem Inneren erscheinen zu lassen, so ist dies allerdings gerade innerhalb der von Metzinger angedachten Betrachtungsweise etwas Wunderbares. Im Gegensatz zu vielen anderen Lebensformen auf der Erde dürfen wir, für einen Moment in der Geschichte unseres Universums, einen Blick auf die Welt werfen. Für die Zeit des kurzen Aufblitzens unseres Bewusstseins wird es hell um uns herum! Wir schnuppern in eine riesige und komplexe Struktur. Wir erkennen ein unendlich groß erscheinendes Universum, das sich nach bestimmten Regeln verhält. Wir beobachten, wie das Leben mittels seiner ungeheuren Vielfalt versucht, zu komplexen Strukturen heranzuwachsen. So bekommen wir für kurze Zeit Einblick in unsere Welt.

In ihrer Gesamtheit wird sie jedoch ein großes Geheimnis für uns bleiben. In der kurzen Zeit unseres bewussten Erlebens lernen wir in erster Linie das, was hilfreich ist, unseren Organismus so lange am Leben zu erhalten, wie es seinen Anlagen entspricht. Wir lernen ein Leben lang, allein damit wir den für unser Leben bedeutsamen Ausschnitt der Welt erfassen können. Von diesem Ausschnitt nehmen wir wiederum nur Repräsentationen war, Abbildungen, die unser Gehirn mit Hilfe unserer Sinnesorgane selbst konstruiert. Thomas Metzinger vergleicht die Repräsentationen in unserem Gehirn, in Anlehnung an Platons siebtes Buch „Der Staat", mit den Schatten der Außenwelt, also wenig gehaltvollen, niedrig dimensionalen Abbildungen der eigentlichen Dinge (vgl. Metzinger 2015, S. 43).

Es stellt sich folglich die Frage: „Wie reich muss erst das ˈGroße Ganzeˊ sein?" Erkenntnisse der modernen Physik lassen erahnen, dass wir mit Hilfe unserer Sinnesorgane nur einen verschwindend kleinen Bruchteil der Welt erfassen können. Die Relativitätstheorie erschütterte in der ersten Hälfte des 20. Jahrhunderts unser klassisches Verständnis von Raum und Zeit, indem sie beispielsweise zeigte, dass der Gang der Zeit in verschiedenen Bezugssystemen unterschiedlich ist und die Gestalt des Raums von der Gravitationskraft beeinflusst wird. Die Quantenphysik zeigt, dass sich bei einer detaillierten Betrachtung der Welt völlig neue Zusammenhänge offenbaren. Denn die mikroskopische Welt ist eine Welt der Möglichkeiten, die sich erst infolge makroskopischer Eingriffe auf einzelne Tatsachen reduziert. Zudem reagieren zwei miteinander „verschränkte" quantenphysikalische Objekte auf die Zustandsveränderungen des Partners, ohne dass einer der bisher bekannten Übertragungswege für Informationen (wie z.B. elektromagnetische Wellen) genutzt wird. Der Stringtheorie zufolge gibt es sieben weitere uns nicht zugängliche räumliche Dimensionen (vgl. auch Greene 2006), und die Astrophysik beschäftigt sich unter anderem mit den noch kaum erforschten Erscheinungen der „Dunklen Materie" und „Dunklen Energie".

Eine wichtige Erkenntnis, die wir aus der Überlegung ziehen können, dass unser Leben nicht notwendigerweise an unserem Bewusstsein hängt, wie es unter anderem das Beispiel der Seelenblindheit zeigt, ist der nur scheinbar triviale Hinweis darauf, dass die Welt unabhängig von unserem Bewusstsein existieren kann. Es scheint ihn zu geben, den Reichtum an Vielfalt und unheimlicher Größe! Dieser Reichtum entwickelt sich weiter, indem er immer komplexere Strukturen hervorbringt. Er hält sich an Regeln, zu denen neben den uns bekannten physikalischen Gesetzen auch die hier beschriebenen Prinzipien, die Metagesetze gehören, deren Existenz meines Erachtens nicht selbstverständlich ist.

Weil dem so ist, können wir noch eine weitere Schlussfolgerung aus dem bisher Gesagten ziehen: Wenn sich unsere Welt nach erkennbaren Prinzipen entwickelt und sich dabei an Gesetze hält, wenn es Rahmenbedingungen gibt, innerhalb derer sich die Welt auf ein Ziel zubewegt, muss es auch etwas geben, das hinter dieser Welt steht!

Was es ist, wird das „Große Geheimnis" bleiben. Auch wenn wir es manchmal verdrängen, unsere Angst vor dem Tod und unsere Neugierde treiben uns immer wieder an, etwas darüber in Erfahrung zu bringen. Dennoch hat es wohl keine große Bedeutung, genaueres über das „Große Geheimnis" zu erfahren. Wenn die Kenntnis davon für unser Leben wichtig wäre, wüssten wir längst darüber Bescheid. Andernfalls wären wir bereits ausgestorben. Offen bleibt höchstens die Frage, ob es für unser Leben bedeutsam ist, nichts darüber zu wissen.

Vielleicht besitzen wir Menschen vor allem deshalb die Fähigkeit, die Welt aus einer *eigenen* Perspektive zu betrachten, weil der Vielfalt, der Individualität und dem sich daraus ergebenden Erfahrungsschatz eine große Bedeutung in der Weiterentwicklung unserer Welt zukommt. Wir verfügen über ein Gefühl des „Ich-Seins". Da dieses „Ich" in jedem menschlichen Organismus von neuem entsteht – diese Annahme entspricht der wissenschaftlichen Betrachtungsweise –, so werden ständig neue individuelle und intime innere Welten geschaffen, die den universalen Erfahrungsreichtum vorantreiben.

Da unsere inneren Welten so individuell sind, kommt es uns vor, wir wären etwas wahrhaftig Eigenes, das einen Abstand zum Rest der Welt einnehmen könnte. Es kommt uns vor, als wären wir außenstehende, abgrenzbare Betrachter, die sich von dem Geschehen in der restlichen Welt distanzieren könnten.

Dieser Schein trügt. Auch wir sind selbstverständlich ein vorübergehender Zusammenschluss einzelner Bestandteile dieser Welt und unterliegen den gleichen Regeln wie auch alles andere. Unsere Bestandteile gab es bereits vor langer Zeit und es wird sie auch noch lange Zeit geben. Sie werden sich mit anderen Bestandteilen in neuen Formen vereinigen oder als freie Moleküle existieren. Vielleicht werden sie in der Luft vom Wind getragen und durch die Geräusche zu Schwingungen angeregt werden. Vielleicht werden sie ein Teil des Regens sein. Vielleicht werden Teile von uns zu Bestandteilen eines neuen pflanzlichen oder tierischen Lebens, Teile eines Wesens, das ein neues individuelles Bewusstsein hervorbringt, an dem „Wir" wieder teilhaben. Genauso wie sich gegenwärtig einige Atome zu den Kohlenwasserstoffverbindungen zusammengeschlossen haben, die unsere Finger, Augen, Gehirnzellen oder Haare formen, werden unsere „persönlichen" Moleküle auch weiterhin ihre Bestimmung finden.

Vielleicht ist es völlig unerheblich, was einmal aus unseren Bestandteilen wird. Auch als Menschen sind wir wiederum nur ein winziger Bestandteil einer riesenhaften Struktur. Deshalb sind wir für das „Große Ganze" nicht unbedingt bedeutender, als es die Zellen oder Moleküle für unseren Körper sind. Wenn wir wieder in sie zerfallen, heißt das nicht unbedingt, dass wir an Wert verlieren. Vielleicht ist es ohnehin etwas ganz anderes, das die Welt im Wesentlichen reifen lässt, als unsere menschliche Struktur.

Da die Individualität der Beziehung immer gegenüberstehen wird, wie es die hier zusammengetragenen Gesetzmäßigkeiten erfordern, wird unsere Zukunft nicht in einem gemeinschaftlichen Sammelsurium universeller Bestandteile liegen. Unsere Atome werden wieder einer Form angehören. Doch es werden immer neue Entitäten sein, die in unserer Welt in Erscheinung treten.

Wir wissen, dass auch unser Universum einen Lebenszyklus besitzt. Es wurde vor langer Zeit geboren und es wird in ferner Zukunft wieder sterben. Nachdem alle Sterne erloschen sind und es „dunkel" geworden ist, werden die elementaren Bestandteile unserer Welt beginnen, sich wieder aufzulösen. Wir können uns fragen, ob auch diesem Tod eine besondere Bedeutung zukommt und ob auch in dieser Größenordnung Evolution stattfindet.

Unsere Welt lag lange Zeit in der Finsternis des „Nicht-Bewussten" verborgen. „Jetzt" stehen wir im Licht. Wir haben die Fähigkeit, etwas von dieser enormen Struktur zu erkennen. Hoimar v. Ditfuth schreibt: „Unumstritten ist, dass das Seelische sich im Ablauf der materiellen Evolution in einer von Entwicklungsstufe zu Entwicklungsstufe zunehmenden Ausbildung entfaltet hat: Die Geschichte der Evolution ist

identisch mit der Geschichte des Auftauchens und der Aus-
breitung des geistigen Prinzips in der sich evolutionierenden
materiellen Welt." (Ditfurth 1981, S. 264) Er könnte Recht
behalten, denn die offensichtliche Zunahme an Komplexität
im Universum wird in Anlehnung an Metzingers Gedanken
vermehrt bewusste Strukturen zur „Steuerung" benötigen.
Wir haben das Glück, bereits an dieser Entwicklung teil-
nehmen zu dürfen.

Die Botschaft aus der Neuen Welt

Die Lebensweise und Philosophie, die Spiritualität und Religion der Ureinwohner Nord- und Südamerikas übte von Kindesbeinen an eine Faszination auf mich aus. Gerade, weil sich die indigenen Vorstellungen von der Welt in vielerlei Hinsicht deutlich von den unseren unterscheiden, lassen sich bei ihrer Betrachtung neue Perspektiven, insbesondere im Hinblick auf die Fragestellung nach Orientierungspunkten für ein zufriedenes Leben, gewinnen.

Ergänzend zu meinen persönlichen Erfahrungen werde ich mich im folgenden Abschnitt vor allem auf ein Buch von Frederik Hetmann zur Spiritualität und Religion der Ureinwohner Nordamerikas beziehen. Es hat mich beeindruckt, weil Hetmann darin einen Weg gefunden hat, die Kultur der „Native Americans" ohne Verklärung zu betrachten, und es ihm dennoch gelingt, die Mystik und Faszination ihrer Welt spürbar zu machen.

Im ersten Teil seines Buches führt Hetmann eine Auswahl von Aspekten an, in denen die zentralen Unterschiede zwischen der indianischen und der abendländisch-westlich geprägten Sichtweise von der Welt besonders deutlich werden (vgl. Hetmann 1998, S. 34 f).

Große Bedeutung kommt dabei dem Umstand zu, dass in der indianischen Kultur das „Profane" und das „Sakrale" nicht deutlich voneinander getrennt werden. Es gibt „keinen Bereich des Profanen, der nicht in weit stärkerem Maß, als dies heute in der modernen abendländisch-westlichen Gesellschaft der Fall ist, vom Sakralen beeinflusst und durchdrungen ist." (ebd. S. 35) Die indigene Spiritualität ist eng mit dem Alltag der Ureinwohner verwoben und somit stets in ihrem Leben präsent. Beinahe alles trägt Leben und schöpferische Kraft in sich: Tiere, Pflanzen, ein Fels, ein Ort und sogar manche vom Menschen geschaffene besondere Dinge, wie zum Beispiel eine Tabakpfeife.

Dies hat unmittelbar zur Folge, dass die indigene Bevölkerung der Welt mit einer besonderen Wertschätzung begegnet. Wenn alle Bestandteile des Universums etwas Würdevolles in sich tragen, ist eine ehrfürchtige Haltung die grundlegende Voraussetzung für die Begegnung des Menschen mit der Schöpfung. Aufgrund der Zuschreibung sakraler Anteile betrachten die Indianer beinahe alle Erscheinungsformen, die sie in der Welt vorfinden, nicht als bloßes Objekt, sondern vermuten in ihnen die Fähigkeiten eines denkenden Wesens. Der Glaube an eine beseelte Natur führt zu einer Erleichterung der Identifizierung des Menschen mit der Welt, da der Mensch auf diese Weise mit den in der Welt existierenden „Dingen" – nun Subjekten – in eine Beziehung treten kann.

In diesem Zusammenhang wird auch deutlich, warum es in den indianischen Sprachen keine Übersetzung für das Wort „Natur" geben kann. Hetmann zitiert dazu den Religionshistoriker Werner Müller: „´Der Indianer kennt keine Umwelt´". Es gibt für ihn keine Welt im Hintergrund, keine Welt, die sich von ihm trennen lässt. Der Begriff „Umwelt" ist vom – in der modernen Gesellschaft lebenden – Menschen her gedacht (vgl. Hetmann S. 64). Der Indianer erlebt sich dagegen selbst als ein elementarer Teil der Welt, der sich den Lebensraum mit vielen anderen Subjekten teilt.

Das ökologisch-integrative Bewusstsein der „Native Americans" erwuchs auch deshalb der Verbindung des Profanen mit dem Sakralen, da den Göttern beziehungsweise Geistern bestimmte Orte zugeschrieben wurden, an denen sie verweilten und von wo aus sie die Menschen aufsuchten. Die Orte und die dort lebenden Pflanzen und Tiere wurden so zu heiligen Plätzen und Wesen. Hetmann zitiert an dieser Stelle Vine Deloria: „´Während der Tausenden von Jahren, in denen sie in diesen Gebieten lebten, lernten die Völker, welches die heiligen Landschaften waren, für die sie Verantwortung trugen. (...) Somit wurden die Offenbarungen und Visionen als ein ständiger Prozess der Anpassung an die natürliche Umgebung betrachtet und nicht als eine Botschaft, gültig für alle Zeiten und Orte.´" (ebd. S. 44 f.)

Ein zweites bedeutendes Unterscheidungskriterium zwischen der indigenen und der westlich-abendländisch geprägten Kultur bezieht sich auf die grundsätzlich voneinander abweichenden Vorstellungen vom Verlauf der Zeit.

Der traditionell lebende Indianer misst seinem subjektiven Erleben größeren Wert bei als die meisten Menschen moderner Gesellschaften. Es sind vor allem emotionale Ereignisse, anhand derer er sein Leben strukturiert.

Während eines Aufenthalts bei den Yanomami, machte sich meine Familie zusammen mit einem Indianer auf den Weg, zu einem im Urwald befindlichen Wasserfall. Es dauerte ungefähr drei Stunden bis wir unser Ziel erreichten. Als wir uns auf dem Weg zurück nach Hause etwa auf der Hälfte der Wegstrecke befanden, meinte der uns begleitende Yanomami, wir würden bald wieder im Dorf sein. Vielleicht würden wir nur noch eine halbe Stunde zu gehen haben. Kurze Zeit später sprach er von zehn Minuten. Was war passiert? Der

Indianer kannte den Weg und musste wissen, dass wir uns erst in der Mitte befanden. Wir kamen zu dem Schluss, dass sich der Indianer nicht an einer Uhr orientierte, um die Zeit zu messen. Er orientierte sich an seinem eigenen menschlichen Empfinden. Auch uns erscheint ein Rückweg in der Regel von kürzerer Dauer zu sein. Unser Gehirn hat viele Eindrücke bereits auf dem Hinweg verarbeitet, sie in Schubladen gesteckt, in eine chronologische Reihenfolge gebracht usw. Auf dem Rückweg zieht all jenes buchstäblich an uns vorbei, was wir schon eingeordnet haben. Für den Yanomami entsprach dieses Empfinden der Realität. Der Rückweg war für ihn tatsächlich kürzer. Er nahm weniger gefühlte Zeit in Anspruch als der Hinweg. Er achtete nicht auf eine mechanische oder digitale Uhr. Er maß seinem persönlichen Empfinden den größeren Wert bei. In unserer Gesellschaft ist es zum Beispiel üblich geworden, bei Wettervorhersagen auch die gefühlte Temperatur anzugeben. Auch wenn das Thermometer 27 Grad anzeigt, empfinden wir es unterschiedlich warm, je nachdem, ob die Luft feucht oder trocken ist, ob eine leichte Brise weht, die Luft regelrecht stillzustehen scheint oder ob wir uns gerade fit oder erschöpft fühlen. Bei gleicher Anzeige des Thermometers nehmen wir die Temperatur unterschiedlich wahr. Es ist allein diese Wahrnehmung die letztendlich für uns von Bedeutung ist.

Vermutlich ist es gerade die Orientierung an persönlichen Empfindungen, die dazu geführt hat, dass im Gegensatz zu unserer Vorstellung von einer linearen zeitlichen Entwicklung, ursprünglich lebende Kulturen ein zyklisches Zeitverständnis besitzen. In modernen Gesellschaften schreibt man dem Gang der Zeit eine Richtung zu. Wir durchlaufen die Zeitspanne zwischen unserer Geburt und unserem Tod. Die Ereignisse, die wir dabei erleben, sind einmalig. Ist ein Erlebnis abgeschlossen, gehört es unwiederbringlich der Vergangenheit an. In ursprünglich lebenden Kulturen verhält es sich anders. Es gibt kaum äußere, materielle Ziele, die es zu erreichen gibt oder die dem Leben eine bestimmte Richtung vorschreiben. Es sind die emotionalen Befindlichkeiten und die Ereignisse in der Natur, die das Leben strukturieren. Wir sind immer wieder traurig, fröhlich, ängstlich oder zufrieden. Unsere Emotionen wiederholen sich während unseres Lebens in einem schier unendlichen Kreislauf. Hinzu kommen Vorgänge in der Natur, die dieses Empfinden stützen. So wie sich die Jahreszeiten wiederholen, sich der Zyklus von Leben und Tod stets von neuem und in vielen Facetten gestaltet, jeder Tag mit einem erneuten Sonnenaufgang beginnt und der Mond seine Phasen in scheinbar unendlicher Wiederholung durchläuft, so wird ganz allgemein das „Kommen und Gehen" der Ereignisse im Leben der Urbevölkerung als ein zyklischer Prozess verstanden (vgl. auch ebd. S. 42 f). In der Sprache der Hopi-Indianer gibt es nicht einmal sprachliche Ausdrücke oder grammatikalische Formen für das, was wir Zeit, Vergangenheit, Gegenwart oder Zukunft nennen (vgl. Whorf 1996, S. 371).

Dies hat zur Folge, dass dem Glauben an einen Fortschritt, wie wir ihn generell verstehen, der Sinn abgesprochen wird. Da die Zyklen stets von neuem beginnen und der wiederholte Anfang dem ersten gleicht, beziehen sich die bedeutsamen Inhalte des Lebens weit mehr auf das Leben selbst als auf die Erreichung konkreter, außerhalb der menschlichen Reifung liegender Ziele. Die indianischen Kulturen orientieren sich deshalb zwangsläufig vor allem am Hier und Jetzt.

Für ursprünglich lebende Indianer ist die Zeit nicht verplanbar. Sie ist „ein Medium, in dem Ereignisse stattfinden, in dem das Sein der Dinge erfahren wird." (Hetmann, S. 62) Wie ein Buch, das uns die Möglichkeit gibt, etwas über die Gedanken anderer zu erfahren, wird uns aus indianischer Sicht die Zeit gegeben. Es liegt an uns, ob, wie und wie viel wir daraus lesen. Das Buch selbst ist immer da. Durch die Zeit zu hetzen, wäre so, als ob wir das Buch nur überfliegen würden, um uns rasch seiner Inhalte zu versichern, aber ohne uns tatsächlich mit ihnen auseinanderzusetzen, so als würden wir eine prüfende Haltung dem Buch gegenüber einnehmen, um zu erkennen und zu unterscheiden, ob bzw. welche Textstellen für uns lesenswert sind. Wenn wir unser Leben entsprechend gestalten, nehmen wir eine ähnliche Haltung dazu ein, als wären wir uns nicht sicher, ob das Leben tatsächlich lebenswert ist. In diesem Falle bleiben wir auf Abstand, an der Oberfläche der Wirklichkeit und dringen nicht in ihre Tiefen und in all das vor, was das Leben in sich bereithält.

Vielleicht lässt sich das unterschiedliche Verständnis der Zeit, als lineare Wegbeschreibung oder als Medium, auch mit den beiden Varianten vergleichen, eine Strecke entweder motorisiert oder zu Fuß zurückzulegen. Im ersten Fall reduziert sich der Inhalt des zeitlichen Verlaufs auf das eindimensionale Ziel, einen bestimmten Ort zu erreichen, während sich bei einer Wanderung entlang eines Weges vieles erspüren lässt. Der Weg wird zu einem Medium, das uns vielfältige Erfahrungsmöglichkeiten bereitstellt. Würden wir einen traditionell lebenden Indianer zum Beispiel nach den Zielen seines Lebens fragen, würde er uns dem entsprechend die Antwort geben, dass im Leben stets der Weg das Ziel sei. Aus seiner Sicht wäre es wohl sinnlos, von Etappe zur nächsten zu laufen, denn die letzte zu erreichende Etappe ist immer der Tod.

Unabhängig davon, ob wir den Verlauf der Zeit als zyklisches oder lineares Konstrukt betrachten, glaube ich, dass es einen tatsächlichen Fortschritt ohnehin nur im Sinne eines Reifungsprozesses von Mensch und Welt geben kann. Äußere Innovationen, wie technische Errungenschaften, verändern nur das Bühnenbild, vor dem sich die stets gleichbleibenden inneren Dramen produzieren. Ob wir uns in Kutschen oder Autos bewegen, ob diese selbst fahren oder wir am Steuer sitzen ist nebensächlich. Deshalb werden diese Errungenschaften das Leben nie wirklich erleichtern, und uns hoffentlich nie wirklich daran hindern, ins Leben einzutauchen.

In der Antike lagen die europäischen Gedanken zum Gang der Zeit und des Lebens näher an den Vorstellungen der amerikanischen Ureinwohner als heute. Beispielsweise vertrat der bereits zitierte römische Kaiser Mark Aurel im 2. Jahrhundert nach Christus die Auffassung vom zyklischen Werden und Vergehen des Kosmos, so wie es auch den allgemeinen Vorstellungen der damaligen philosophischen Schule, der Stoa, entsprach: „Immer also an diese beiden Dinge denken: erstens, dass alles seit Ewigkeiten gleichartig ist und sich in ständigem Kreislauf wiederholt und dass es ohne Bedeutung ist, ob jemand in hundert oder zweihundert Jahren oder in unendlicher Zeit dasselbe sehen wird; zweitens, dass der am längsten Lebende dasselbe verliert wie der andere, der sehr früh sterben muss." (Van Ackeren 2011, Bd.2, S. 367.) Eine weitere Parallele zwischen den spirituellen Vorstellungen der amerikanischen Ureinwohner und der Stoa zeigt sich im Glauben an die Offenbarung des Göttlichen in der Natur.

Vielleicht unterscheiden sich unsere Vorstellungen von der Welt vor allem deshalb von der Denkweise der Indianer, weil wir aufgrund unserer zunehmenden Möglichkeiten, unsere äußere Welt zu gestalten, im Laufe der Geschichte den Blick für das eigentliche Menschsein teilweise verloren haben.

Ich hatte bereits einige Male in meinem Leben die Gelegenheit, auf amerikanische Ureinwohner zu treffen. Jedes Mal konnte ich Zeuge einer äußerst poetischen Art werden, mit der sie sowohl über ihre Gefühle als auch über ihre Erlebnisse sprachen. Hetmann schreibt, dass in der indianischen Kultur dem Wort eine sehr große, magisch akzentuierte Bedeutung zukommt, als ob auch darin die Anwesenheit des Sakralen im Profanen zu erspüren wäre. Das Wort gelte als heilige Gabe, als ein Teil des Leibes wie der Kopf und die Glieder (vgl. Hetmann, S. 36 f.).

So traf ich während einer Reise in den Südwesten der Vereinigten Staaten auf einen Mescalero-Apachen, der die Heiligen Stätten von Mesa Verde bewachte. Er beschrieb auf eine äußerst anmutige und zutiefst malerische Weise die Liebe und Sorge um eine Frau. Jeder Versuch, die Geschichte hier nachzuerzählen, würde scheitern, weil nur der Apache selbst sein Erleben und sein kulturelles Empfinden mit den dazugehörigen Worten auszudrücken vermag.

Bei derselben Reise konnte ich während eines Aufenthalts im Reservat der Hopi-Indianer Kachina-Tänze miterleben. Die Gestaltung der Masken, der Gesang und der Tanz der Männer harmonisierten mit dem Platz, dem Dorf und der umgebenden Landschaft. Zusammen ließen sie vergangene Zeiten lebendig werden.

Während des Aufenthaltes bei den Yanomami-Indianern im Amazonasgebiet, hatten meine Frau und ich ein besonders beeindruckendes Erlebnis. Ganz unverhofft bekamen wir die

Gelegenheit, der Schilderung des Schöpfungsmythos der Yanomami beizuwohnen. Der Mythos wurde nicht nur erzählt, er wurde vom Erzähler gelebt, und so verwandelte sich die Erzählung in diesem Moment zur Wirklichkeit. Die Darstellung war so gefühlsgeladen und authentisch, dass wir die Schöpfung auf einer emotionalen Ebene tatsächlich miterleben konnten.

Die Worte der „Native Americans" sind so poetisch, dass wir beim Zuhören oft das Gefühl haben, es handle sich um fantastische Geschichten. Wir zweifeln an ihrem Wahrheitsgehalt. Für die Ureinwohner sind sie Realität und so wären sie es wohl auch für uns, könnten wir die gewählte Ausdrucksweise besser verstehen. Es würde uns wohl leichter fallen, wenn wir die assoziativ-intuitiven Geschichten weniger mit unserem Verstand als mit unseren Gefühlen erfassen könnten. Dann könnten sie auch für uns zur Wirklichkeit werden, denn es sind eben die Gefühle, die sich über alle Zeiten der Menschheitsgeschichte hinweg wie in Zirkeln wiederholen, unabhängig davon wann und wo wir leben. Unsere Gefühle formen wiederum unsere Wirklichkeit, denn sie strukturieren unser Gehirn.

Ergänzend zu meiner eigenen Darstellung der Entstehung des Universums am Beginn dieses Buches, möchte ich an dieser Stelle eine Schilderung dieses Ereignisses zitieren, wie sie von den nordamerikanischen Pueblo-Indianern der Dörfer Laguna und Acoma erzählt wurde (vgl. ebd. S. 55 ff.). Im Vergleich zu anderen indianischen Überlieferungen, ist es ein Schöpfungsmythos, der unserem heutigen Denken recht nahe kommt. Unsere naturwissenschaftlichen Vorstellungen klingen darin an und werden auf eine emotionale Art und Weise mit religiösen und psychologischen Aspekten ver-

knüpft, die nicht allzu weit außerhalb unseres abendlän-
disch-christlichen Verständnisses liegen. Es ist vor allem die
Verbindung der verschiedenen Zugänge zur Wirklichkeit, die
die Erzählung zu etwas Besonderem machen, und sie
gleichzeitig fremdartig und fantastisch erscheinen lassen.
Leider können im Rahmen eines Buches nur die erzählten
Worte festgehalten werden, nicht jedoch die authentische,
emotionale und lebendige Art, in der Geschichten wie diese
erzählt wurden bzw. noch immer erzählt werden:

„Vor langer Zeit. Die Spinne lebte an einem Ort, wo es nur sie
gab. Es gab weder Licht noch Dunkelheit, es gab nicht den
warmen Wind, es gab weder Regen noch Donner. Es gab
keine Kälte, kein Eis und keinen Schnee. Es gab nur die
Spinne. Sie war eine sehr weise Frau, deren Kraft jede Vorstellung übersteigt. Kein Medizinmann, kein Zauberer oder
Schamane, kein Wissenschaftler oder Erfinder vermag sich
vorzustellen, wie groß ihre Kraft war. Ihre Kraft war allmäch-
tig. Sie war reiner und sauberer als das Nichts. Es war die
Kraft des Gedankens, sagen wir, aber nicht die eines Den-
kens, wie es die Leute gewöhnlich haben. Es war die Kraft des
Traumes, aber reiner. Wie ein Geist der Visionen, aber noch
klarer. Es hat keine Form oder Bewegung, weil es nur ist. Es
ist die Kraft, die alles, was ist, erschafft.

An diesem Platz, an dem sie sich befand, allein mit ihrer
Kraft, dachte sie über diese nach, überlegte, wie sie von ihr
singen, von ihr träumen könne. Und sie wünschte sich jemanden, der ihr Traumlied mit ihr teilen könnte. Nicht weil
sie einsam war, sondern weil die Macht des Liedes so vollständig war, wünschte sie, dass es noch andere gäbe, die es
hören konnten. Sie wusste, dass dies der Wunsch der Kraft
war, gerade so wie es ihrer war. Denn sie und die Kraft waren

eines. Sie waren eine Zweiheit und doch das gleiche Wesen. (*Anmerkung des Autors:* vgl. Gedanken zu Vielfalt und Beziehung)

Also dachte sie an die Kraft, einmal, und spürte in dieser ein Sichkräuseln. Da wusste sie, dass sie alt war und viele Falten hatte und dass das erste Lied der Macht das Thema des großen Alters haben werde. (*Anmerkung des Autors:* Dabei handelt es sich um den Gedanken von der Erschaffung der Zeit.) Das Sichkräuseln wurde fester, mehr spinnenhaft, stärker. Daraus wurde ein Ort. Sie nannte den Ort Nordwesten. Sie wusste, dass sich das Kräuseln aus sich selbst entfaltet hatte. Sie wusste viel über das Universum, die große Kraft, die darin enthalten war. Später kräuselte und überzog sich die Erde mit Spinnenlinien der Kraft und enthielt in sich große Kraft, so wie eine Mutter das neue Leben in sich trägt. Andere ahmten das nach: So wurden die Walnüsse, die Eicheln, die Äpfel, die Ananas, Kakteen, Gebirge und selbst der Ozean wurde so. Und menschliche Wesen wurden, mit fünf Fingern und zerknitterter Haut und Hirn zu Ehren dieses Augenblicks, da sie und die Kraft das Lied machten, aus dem sich neues Leben, neue Wesen bildeten.

Sie war glücklich über das, was sie wusste, so voller Staunen über die Schönheit des Liedes, das sie wieder dachte. Und wieder kräuselte und faltete sich etwas, wieder liefen Spinnenfäden entlang am Rand des Beutels, in dem das Lied der Kraft war. Sie entfalteten sich und enthielten alle Kraft, die drinnen gewesen war. Und sie wusste, dass der Platz für ihr Lied im Nordosten sein werde. So singend und summend formte sie sie. Summend und singend stellte sie sie dorthin, wo sie hingehörten. So entstanden die Himmelsrichtungen.

Sie dachte an ihre Kraft in jedem Bündel und fuhr fort zu singen. Sie sang und sang. Sie sang die Kraft, die in ihrem Herzen war, die Bewegung der vielen Verse und des Tanzes. Die Kraft ist überall. Sie hat keinen Namen, sie ist nur Kraft, das Geheimnis. Sie sang und die Bündel begannen sich zu bewegen. Sie sangen auch, sie waren das Echo ihres Liedes. Sie sangen das Lied ihres Herzens, das des Herzens der Spinne, es war das Herzlied des Geheimnisses. Das Lied klang tiefer, und sie hörte andere Herzen singen. Die zwei, die dem Bündel entstiegen, besaßen ein eigenes Bündel. Und in jedem Bündel ruhte das Leben des Universums und wartete darauf, bis es zum Leben gesungen wurde.

Die Spinnenfrau benannte jedes der Wesen. Eines nannte sie Ic´sts´íty, das andere Nau´ts´íty. Das waren keine menschlichen, sondern übernatürliche Wesen. Sie hatten keine physischen Leiber, weil sie größer waren als ein Planet oder ein Stern. Ein Stern hätte sie und all ihre Gedanken nicht beherbergen können.

Die Spinnenfrau sagte ihnen, sie sollten noch mehr Wesen werden lassen, damit sich das Lied fortsetze und sie und die Kraft in ihr die Schönheit des Seins mit mehr und mehr Wesen teilen könne. Sie hieß sie, aus ihren Beuteln einen Teil des Liedes zu holen und zu singen, bis diese voll und reif würden.

Die Wesen verstanden die Anweisungen der Spinnenfrau, weil sie ja selbst von einem Lied und einem Geheimnis herstammten.

Ic´sts´íty begann ein neues Lied: way-a-hiyo, way-a-hiyo. Sie sang und sang und dachte an ihr Bündel, und während sie sang, begannen sich Lichtkugeln um wie zu bilden. Sie drängten voran gleich einer wirbelnden Spirale, und es entstand eine große kreisende Vielfalt von Sternen, die alle sangen, während sie kreisten. Immer größer und heller wurden sie und bewegten sich um das immer noch unsichtbare Zentrum, wo die Spinnenfrau, Ic´sts´ity und Nau´ts´ity sangen. Die Sterne wirbelten, die äußeren Sterne flogen weiter und weiter vom Mittelpunkt fort, große Arme, die einen Spiraltanz bildeten und den Klängen des Liedes folgten. Die Linien der Macht reichten weiter und weiter in das Geheimnis hinein. Sie trugen das Lied in ihrem Licht, in ihren Fingern und schufen Dunkelheit und Licht, während sie so tanzten. Sie spürten, wie ihnen Kraft aus der Dunkelheit zuwuchs und schleuderten sie ins Licht. Die Kraft tanzte im Nichts, im Licht, und um Mitternacht erreichte sie die glimmende Dunkelheit. Sie sang.

Dann begann Nau´ts´ity dem Bündel ihre Gedanken vorzusingen. Aam-i-humm, humm, aam-i-humm, humm, humm, aam-i-o, o-o-o, aam-i-o. Das Lied änderte sich wieder, als die Spinnenfrau und Ic´sts´ity einfielen, und aus den strahlenden Lichtkugeln stoben neue Formen und tanzten im Licht herum und verliehen Form und Festigkeit der Dunkelheit. So gelangte die Bewegung des Liedes an neue Orte, fester und voller. Die Planeten sangen, neue Wesen erwachten und fielen mit ihren Gedanken und ihrem Fühlen in den gewaltigen Chor ein und sangen ihren Part in dem Lied des Herzens. Die Kraft gewann Gestalt, sie tauchte, wirbelte, tanzte, und über weite Flächen nahm sie Formen an, die sie selbst bis dahin nicht gekannt hatte.

Zufrieden mit ihrem Werk wandte sich die Spinnenfrau an ihre Enkelinnen und lächelte, während sie sang. In ihrem Zeugen schufen sie viele Welten, und auf einigen davon menschliche Wesen, die gleich ihnen sangen. Und in diesen Welten entstanden gefiederte Wesen, die wie die großen Feuer herumwirbelten. Zu ihnen stiegen von dem Platz, wo die drei sangen, einzelne Lieder empor. Und da standen sie, sangen im Nichts, umgeben von kreisendem Licht und großer schwappender Dunkelheit." (Im engl. Original: Gunn Allen, Paula: Grandmothers of Light – A Medicine Woman´s Sourcebook, The Women´s Press Ltd, London 1992, S. 34 f.)

Durch die poetische Art, mit der die Ureinwohner Nord- und Südamerikas ihre Geschichten erzählen, kommt eine weitere Botschaft zum Ausdruck: Es ist die „Neue Welt" der Gefühle, die uns am Leben teilhaben lässt. Sie verbindet alle Zeiten miteinander, im Gegensatz zu unseren rationalen Überlegungen, die uns vom Gefüge unseres augenblicklichen Daseins entkoppeln.

Als ich in Brasilien tagtäglich meine Abende auf dem Wasserturm verbrachte, konnte ich etwas von der Tiefe erspüren, die ich in der Philosophie der indigenen Kulturen verankert sehe: Die Welt umgab mich mit ihrem Leuchten, sie hielt mich fest, umstrich mich mit wärmenden Luftbewegungen und erfüllte mich mit beruhigenden, regelmäßigen Lauten. Es gelang mir, in ihr aufzugehen, mich in ihr zu spüren, in eine so enge Beziehung mit der Welt zu treten, dass ich geradezu mit ihr verschmolz. Ich hatte keine Wünsche und keine Sehnsüchte. Ich wollte nur verweilen, im Hier und Jetzt, ohne viel zu wissen, ohne viel zu denken und ohne etwas Besonderes zu tun. Erfüllt davon, mich als einen Teil der Welt zu spüren, war ich zu Hause angekommen.

Ein Praxisbeispiel: Spezialisierung statt Krieg

Ich habe den Inhalt dieses Buches in einer allgemeinen und abstrakten Weise formuliert. Trotzdem kann er auf unsere alltägliche Lebenswirklichkeit bezogen werden. Doch jeder Mensch ist ein Individuum. Auch gleicht keine Gruppe der anderen, sei es eine Familie, ein Verein, eine Gesellschaft oder eine Nation. Bei jeder Fragestellung spielt neben dem Ziel, das wir erreichen wollen, auch der Ausgangspunkt, das heißt unsere persönliche Geschichte, eine entscheidende Rolle. Bei dem Versuch aus dem bisher Gesagten pauschale und trotzdem konkrete Ratschläge für unser Leben abzuleiten, stößt man deshalb rasch an eine Grenze. Um dennoch den Bezug zu unserem Alltag herzustellen, möchte ich noch einmal ein paar wesentliche Gedanken hervorheben, um anschließend beispielhaft auf den Zusammenhang mit unserer Lebenswirklichkeit zu verweisen.

Ich bin der Meinung, dass der Zuwachs an Komplexität und die Erzeugung von Vielfalt die eigentlichen Triebfedern in der Entwicklung unseres Universums sind. Der Inhalt unseres Universums tendiert dazu, sich zu verschiedenartigen, geordneten und individuellen Einheiten zusammenzuschließen. Dieses Bestreben kann nur erfolgreich sein, wenn es vorher zu einer Abgrenzung derjenigen Bausteine voneinander gekommen ist, aus denen die neuen Strukturen anschließend erwachsen.

Die Individualität ist ein Ergebnis dieser Entwicklung. Sie ermöglicht eine erfolgreiche Anpassung der Geschöpfe an die sich notwendiger Weise stets verändernde Umgebung und sichert so den Erhalt des bisher Erreichten und die Weiterführung des begonnenen Reifungsprozesses. Die Individualität ermöglicht einen beschleunigten Erfahrungszuwachs, der insbesondere in den lebendigen Bereichen zu Entwicklungsfortschritten führt. Sie ist die Voraussetzung für einen zentralen Aspekt in der Entwicklung unserer Welt: Erst durch die Aufteilung des anfänglich strukturlosen Universums in „Individuen" wurde es für seine Bestandteile möglich, miteinander in Beziehung zu treten. Gerade diese Beziehungen, scheinen dem „Großen und Ganzen" einen Sinn zu verleihen. Sie sind das Bindeglied, das uns an einen gemeinsamen Ursprung erinnert, neue Erfahrungsqualitäten mit sich bringt und uns auf einen Platz in dieser Welt verweist.

So wie offenbar alle Teile der Schöpfung miteinander in einer sinnhaften Beziehung stehen, so verhält es sich auch mit den in diesem Text angesprochenen Prozessen. Beispielsweise können komplexe, das heißt größere geordnete Strukturen nur dauerhaft bestehen, wenn es in ihrem Inneren Raum für die Entwicklung von Vielfalt gibt. So sind beispielsweise auch Komplexität und Vielfalt aufeinander bezogen.

Da ich keine besonderen theologischen Kenntnisse besitze, versuchte ich, mich der Sinnfrage ohne religiöse Argumente anzunähern. Es scheint jedoch durchaus etwas zu geben, das außerhalb unseres Bewusstseins existiert und gestaltend auf unser Universum einwirkt. Unabhängig von unserem Bewusstsein gibt es eine für uns nicht gänzlich erfassbare Welt, die – abseits des physikalischen Wissens – nachvollziehbaren Gesetzen zu gehorchen scheint, und die eine ganz bestimmte

Entwicklungsrichtung einschlägt, weshalb vermutet werden darf, dass sich etwas dahinter verbirgt.

Wir sind ein Teil und ein Produkt dieser Welt und somit ihren Gesetzen unterworfen. Wir können nur glücklich sein, wenn wir uns mit dieser Welt identifizieren, sie schätzen, lieben und ihre Prinzipien anerkennen. Bei der Gestaltung unseres Lebens kann es uns helfen, wenn wir uns vor allem mit der Erreichung und dem Erhalt guter menschlicher Beziehungen beschäftigen. Dies setzt voraus, dass es uns gelingt, auch uns selbst zu lieben. Der Maßstab für unser Handeln sind unsere Gefühle, die uns nicht täuschen, wenn wir einen natürlichen Zugang zu ihnen bewahren.

Diese Aussagen können uns helfen, wenn wir vor Herausforderungen stehen, deren Lösung zunächst nicht offensichtlich ist, seien es private, gesellschaftliche oder sogar wissenschaftliche Fragestellungen.

Zum Beispiel können wir den Zusammenschluss der Länder auf unserem Kontinent zur Europäischen Union betrachten. Immer wieder drohte dieser Zusammenschluss zu zerbrechen. In den letzten Jahren war vom „Grexit" die Rede und der „Brexit" wurde beschlossen. Es gibt wohl kaum ein Land, dessen Bewohner einen Austritt nicht schon in Erwägung gezogen haben. Wenn wir die oben genannten Prinzipien dieser Überlegung zugrunde legen, könnte man ohne detailliertes politisches Wissen daraus schließen, dass der Versuch des Zusammenschlusses ein natürlicher und unabdingbarer Prozess ist. Früher oder später sollte es zu einer erfolgreichen Vereinigung verschiedener Länder kommen. Dieser Zusammenschluss gelingt allerdings nur, wenn gleichzeitig eine neue Abgrenzung gefunden werden kann. Die Angliederung des sich von Russland abgrenzenden europäischen Ostens könnte zumindest aus der Sicht osteuropäischer Länder gelingen, gerade weil sich Europa bislang ohnehin von Russland distanzierte. Dagegen führte die Asylproblematik, bei der sich Deutschland unter anderem gegenüber nordafrikanischen aber auch anderen außereuropäischen Ländern verstärkt öffnete – und die bisherige Abgrenzung damit in Frage stellte – zu Zerwürfnissen.

In der Folge des gestiegenen Zuzugs, stellt sich vermehrt die Frage der Inkulturation fremder Nationen bzw. der Entstehung einer „Multikulti-Gesellschaft" in Deutschland. Zur Debatte steht der Umgang mit der stark angewachsenen kulturellen Vielfalt innerhalb des sich verändernden Landes. Es wächst die paradoxe Angst, dass aufgrund der Gegenwart unterschiedlicher Lebensweisen die bereits vorhandene funktionsfähige komplexe Struktur in Deutschland gefährdet sein könnte. Vielerorts ist der Ruf nach einer erneuten Reduzierung dieser Vielfalt im Land zu hören. Vielfalt und Komplexität bedingen sich jedoch gegenseitig!

Nach allem, was bisher gesagt worden ist, ist eine völlige Abgrenzung nur nach außen hin und nur vorübergehend sinnvoll. Um dem Bedürfnis nach Abgrenzung innerhalb des Landes gerecht zu werden, muss eine neue, anders geartete Trennlinie gefunden werden. Eine Trennlinie im Inneren darf weder einer Assimilierung des Fremden zum Opfer fallen noch einer Abschottung gegenüber dem Neuen entsprechen. Ganz im Gegenteil: Bei der Vereinigung unterschiedlicher Nationen sollte darauf geachtet werden, dass kulturelle Errungenschaften nicht wie die Farben in einem Durcheinander von weißer und bunter Wäsche ineinander verlaufen. Dies würde letztendlich in einer strukturlosen Gesellschaft ohne konkrete und stabile Werte enden. Eine

Trennlinie im Inneren zu finden bedeutet, „Spezialisierungen" im Gesamtverbund zu ermöglichen, vergleichbar mit den Organen in unserem Körper. Kulturelle Unterschiede sollten deshalb gepflegt und bewusst herausgearbeitet werden. Diese Aufgabe gilt es zu lösen. Denn ohne genügend Raum für die Vielfalt, gefährden wir langfristig den Bestand unserer geordneten, komplexen Gesellschaftsstruktur. Größere Zusammenschlüsse, wie es menschliche Gesellschaften eben sind, sind naturgemäß eine Wiege der Vielfalt. Auch der allergrößte Teil der chemischen Elemente entstand in den stellaren Ballungszentren!

Es gibt einen weiteren Grund, warum Gesellschaften, die eine Vereinheitlichung der Denkstrukturen anstreben, von nur kurzer Lebensdauer sein können: Diese Gesellschaften lassen keine innere Entwicklung zu. Ein Stillstand ist in unserer Welt, deren zentrale Rahmenbedingung die Veränderung ist, jedoch nicht vorgesehen.

Die meisten von uns wünschen sich ein friedliches Miteinander der unterschiedlichen Kulturen. Ein Weltfriede wäre, im Rahmen der hier genannten Prinzipien, nur solange eine Utopie, wie wir unser Bedürfnis nach Abgrenzung gewaltsam ausleben. Das Bedürfnis nach Abgrenzung wird es immer geben, wir können jedoch hoffen, dass in der Zukunft andere Formen gefunden werden, diesem Bedürfnis nachzugehen.

Tatsächlich sind die Kriege zwischen den Nationen seltener geworden. Das liegt daran, dass wir heute wissen, dass wir uns nicht wirklich von den Bewohnern anderer Länder unterscheiden. Es ist schwieriger, unser Bedürfnis nach Abgrenzung gegenüber uns „nicht mehr so fremden Völkern" auszuleben. Heute führen unterschiedliche Weltanschauungen, insbesondere vermeintlich religiöse Vorstellungen (zum Teil basierend auf einem wirtschaftlichen Machtgefälle), zu gewalttätigen, terroristischen Attentaten im Inneren der Länder. Im Gegensatz zu unserem äußeren Erscheinungsbild und unserem beobachtbaren Verhalten, bietet unsere innere Welt noch genügend Platz, um Unterschiede zwischen uns und anderen Menschen hinein fantasieren zu können. Waffenlobby und fanatisch-idealistisch geprägte Terrororganisationen geben sich Mühe, die geistige Abgrenzung wieder nach außen hin sichtbar zu machen. Zum Beispiel haben sie damit begonnen, einen eigenen Staat, den IS, auszurufen, um eine klare Grenze zwischen Anhängern und „Andersgläubigen" aufzuzeigen.

Die Menschheit ist sehr kreativ, wenn es darum geht, den ihr eingeschriebenen Prinzipien zu folgen. In den meisten Fällen – sei es hinsichtlich eines friedlichen Zusammenlebens der verschiedenen Nationen oder hinsichtlich der Durchmischung einer Nation mit Menschen verschiedener Herkunft – könnte nun aber das Bedürfnis nach Abgrenzung in Form einer Spezialisierung weit sinnvoller ausgelebt werden als durch Gewalt und Intoleranz. Zur Abgrenzung gehört stets der Zusammenschluss. Dieser führte schon zur Entstehung der verschiedenen chemischen Elemente, die unsere vielfältige Welt erwachsen ließen. Er führte zur Spezialisierung der Organe in den Organismen, er führte zu spezialisierten Aufgaben des menschlichen Individuums in den Gruppen und könnte – solange eine Abgrenzung zwischen den Nationen nötig ist – zu speziellen Aufgaben der Menschen unterschiedlicher Herkunft führen.

Eine weitere interessante Entwicklung ist der weltweite Zusammenschluss der Menschheit mit Hilfe des Internets.

Auch dieser Zusammenschluss könnte eine neue Art der Abgrenzung hervorrufen. Zu Beginn der Entwicklung diente die digitale Vernetzung vor allem der Erleichterung des Austausches von Informationen. Inzwischen macht sich ein großer Teil der Nutzer immer stärker davon abhängig. Wir füttern das Netz zunehmend mit Informationen über uns selbst und lassen uns deshalb auch immer effektiver von ihm beeinflussen. Bisher berät und manipuliert uns das Netz in erster Linie bei unseren Einkäufen. Aber vielleicht entwickeln sich immer intelligenter werdende Server zukünftig zu übergeordneten Gehirnen, die uns zunehmend steuern, weil wir ihnen die Verantwortung über unser Handeln weitgehend überlassen. Im schlimmsten Fall könnten sie uns für einen Krieg benutzen, so wie auch Körperzellen (die eigentlich nichts gegeneinander haben) dazu missbraucht werden, wenn beispielsweise die Gehirne zweier Menschen entscheiden übereinander herzufallen.

Die hier genannten Prinzipien können keinen Anspruch auf Vollständigkeit erheben. Vielleicht stehen dahinter neue Gesetzmäßigkeiten, die sich bisher nicht offenbaren. Es ist davon auszugehen, dass die hier beschriebenen Erscheinungen nur die Folgen einer viel tiefer liegenden Wahrheit sind. Fest steht jedenfalls, dass es in unserer Welt Gesetzmäßigkeiten gibt, die über die bisherigen, wissenschaftlich quantitativ beschriebenen Prozesse hinausgehen. Naturwissenschaften wie die Physik, die Chemie, die Biologie und die Psychologie beschreiben zwar den Verlauf dieser Prozesse in eingegrenzten Bereichen, ihren jeweiligen Fachgebieten, gleichartige Gesetzmäßigkeiten erstrecken sich jedoch auf unsere gesamte Lebenswelt: hinsichtlich materieller Abläufe, der Strukturen lebendiger Organismen sowie unserer Bedürfnisse und unseres Erlebens und Verhaltens. Somit kommt ihnen eine neue, wesentlich umfassendere Bedeutung zu. Wir können uns nicht von diesen Gesetzen befreien, doch bei einem tieferen Verständnis können sie uns Halt und Orientierung geben.

Epilog

Es macht wenig Sinn, auf bedeutende, aber bekannte Zusammenhänge nur zu verweisen. Gerade weil wir bereits von ihnen gehört haben, denken wir kaum mehr über sie nach. Das, was uns selbstverständlich erscheint, muss vielmehr immer wieder neu besprochen werden.

Ich erinnere mich an ein Gespräch mit einem guten Freund. Er hatte die Predigt eines Diakons gehört, die Gefallen bei ihm fand. Er wollte mit dem Diakon darüber sprechen und stellte ihm dazu per Mail ein paar Fragen. Als Antwort schrieb der Diakon nur folgenden Satz zurück: „Gott ist die Liebe." Mein Freund war erbost darüber.

Abbildung: Rahmenbedingungen, Prinzipien und ihr Zusammenwirken

Die Rahmenbedingungen und Prinzipien:

- Aus der Raumzeit folgen unmittelbar die
  Rahmenbedingungen Verbundenheit und Veränderung.

- Mit Hilfe des Mechanismus „Abgrenzung und
  Zusammenschluss" entwickelt sich – auf der Basis von
  Veränderung und Verbundenheit – Komplexität.

- Die in der Komplexität wirkende Ordnung bedingt –
  wieder auf der Basis von Veränderung und Verbundenheit
  und nach dem 2. Hauptsatz der Thermodynamik – Wandel
  und Chaos, wodurch sich Vielfalt entwickelt.

- Komplexität und Vielfalt münden in Beziehung und
  Individualität.

- Das Gefühl koordiniert Beziehung und Individualität. Es
  hat seinen Ursprung in diesen beiden Prinzipien, nämlich
  in der Art- und Selbsterhaltung.

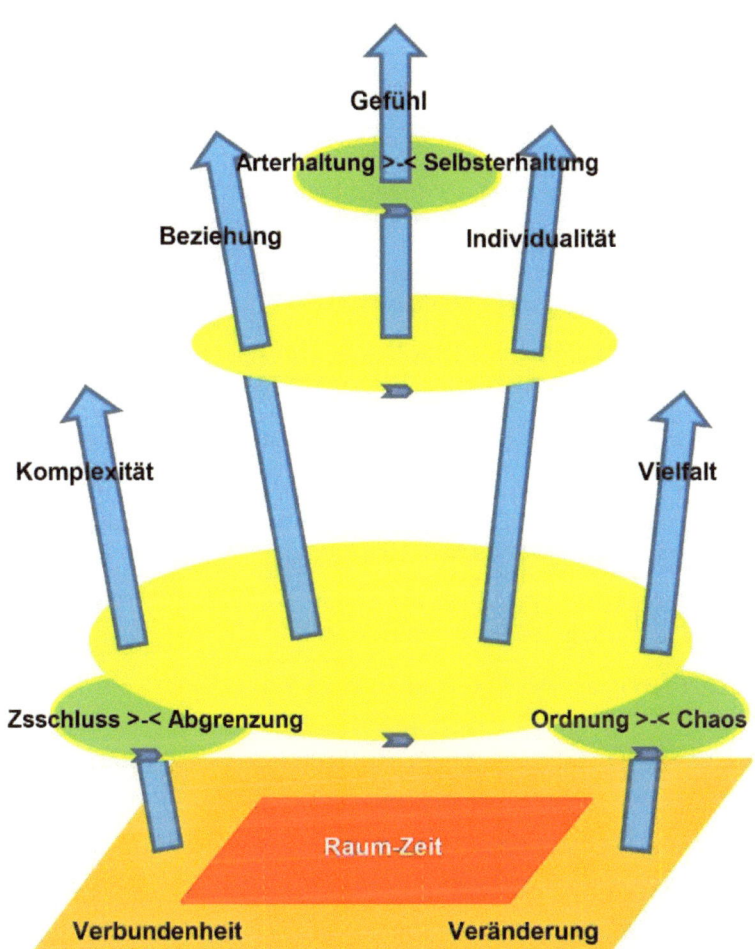

Literaturverzeichnis

Berns, Gregory: Satisfaction, Campus Verlag GmbH, Frankfurt/Main, 1. Auflage 2006.

Blatchford, Herbert in: Ich höre deine Stimme im Wind – Weisheit der Indianer, Herder Verlag, Freiburg im Breisgau, 3. Auflage 1995.

Bresch, Carsten: Evolution – Was bleibt von Gott, Schattauer GmbH, Stuttgart, 1. Auflage 2010.

Ditfurth, Hoimar v.: Wir sind nicht nur von dieser Welt, Hoffmann und Campe Verlag, Hamburg, 1. Auflage 1981.

Greene, Brian: Das elegante Universum, Wilhelm Goldmann Verlag, München, 4. Auflage 2006.

Harari, Yuval N.: Eine kurze Geschichte der Menschheit, Deutsche Verlagsanstalt München, 7. Auflage 2013.

Hetmann, Frederik: Die Erde ist unsere Mutter, Herder Verlag, Freiburg im Breisgau, 1. Auflage 1998.

Junker, Thomas: Die Evolution des Menschen, Verlag C. H. Beck oHG, München, 2. Auflage 2008.

Metzinger, Thomas: Der Ego Tunnel, Piper Verlag GmbH, München, 4. Auflage 2015.

Momaday, N. Scott in: Ich höre deine Stimme im Wind, Verlag Herder Freiburg im Breisgau, 3. Auflage 1995.

Papst Franziskus: Enzyklika Laudato Si, Verlag Herder GmbH, Freiburg im Breisgau, 1. Auflage 2015.

Roth, Gerhard: Das Gehirn und seine Wirklichkeit, Suhrkamp Verlag, Frankfurt am Main, 1. Auflage 1997.

Schandry, Rainer: Biologische Psychologie, Beltz Verlag, Weinheim, 2. Auflage 2006.

Van Ackeren, Marc: Die Philosophie Mark Aurels, Walter de Gruyter Verlag, Berlin 2011.

Whorf, Benjamin Lee in Waters, Frank: Das Buch der Hopi, Eugen Diederichs Verlag, München, 9. Auflage 1996.

Wolf, Notker, Linder, Leo: Jesus – Ein Leben, Gütersloher Verlagshaus, Gütersloh, 1. Auflage 2012.

Yalom, Irvin: Existenzielle Psychotherapie, Hrsg. Anna und Milan Sreckovic, Edition Humanistische Psychologie, 1. Auflage 2010.

Notizen: